Lebensbericht eines Todgeweihten

Die Überwindung eines Schädel-Hirn-Traumas

Alex Dirksen

Lebensbericht eines Todgeweihten

Die Überwindung eines Schädel-Hirn-Traumas

Alex Dirksen

Ein Buch aus dem WAGNER VERLAG

Korrektorat: Maja Kunze
Umschlaggestaltung: Wagner Verlag GmbH

1. Auflage

ISBN: 978-3-86279-171-2

Bibliografische Information der Deutschen Nationalbibliothek:
Die Deutsche Nationalbibliothek verzeichnet diese Publikation in der
Deutschen Nationalbibliografie; detaillierte bibliografische Daten sind
im Internet über http://dnb.d-nb.de abrufbar.

Die Rechte für die deutsche Ausgabe liegen beim
Wagner Verlag GmbH,
Langgasse 2, D-63571 Gelnhausen.
© 2012, by Wagner Verlag GmbH, Gelnhausen
Schreiben Sie? Wir suchen Autoren, die gelesen werden wollen.

Über dieses Buch können Sie auf unserer Seite www.wagner-verlag.de
mehr erfahren!
www.podbuch.de
www.buecher.tv
www.buch-bestellen.de
www.wagner-verlag.de/presse.php
www.facebook.com/meinverlag
Wir twittern … www.twitter.com/wagnerverlag

Das Werk ist einschließlich aller seiner Teile urheberrechtlich geschützt. Jede
Verwertung und Vervielfältigung des Werkes ist ohne Zustimmung des Verlages
unzulässig und strafbar. Alle Rechte, auch die des auszugsweisen Nachdrucks
und der Übersetzung, sind vorbehalten! Ohne ausdrückliche schriftliche Erlaubnis des Verlages darf das Werk, auch nicht Teile daraus, weder reproduziert,
übertragen noch kopiert werden, wie zum Beispiel manuell oder mithilfe elektronischer und mechanischer Systeme inklusive Fotokopieren, Bandaufzeichnung
und Datenspeicherung. Zuwiderhandlung verpflichtet zu Schadenersatz. Wagner
Verlag ist eine eingetragene Marke.
Alle im Buch enthaltenen Angaben, Ergebnisse usw. wurden vom Autor nach
bestem Wissen erstellt. Sie erfolgen ohne jegliche Verpflichtung oder Garantie
des Verlages. Er übernimmt deshalb keinerlei Verantwortung und Haftung für
etwa vorhandene Unrichtigkeiten.

Druck: dbusiness.de gmbh · 10409 Berlin

Inhaltsverzeichnis

Vorwort 9

Kapitel 1 – Rückschau 11

Die Zeit vor dem Unfall 12

Der Unfall 31

Geschehen aus der Sicht der Eltern 37

Kapitel 2 – Rehabilitation in Burgau 48

Wieder in Bogenhausen 52

Erstes Praktikum 54

Die Tagklinik 58

Fortsetzung des Studiums 67

Erneute Arbeit am Flughafen 87

Kapitel 3 – Erwartungen 122

– Vorwort –

Ich möchte in diesem Buch darüber berichten, wie es mir nach einem unverschuldeten Verkehrsunfall trotz schwerster Verletzungen, die mit einem Schädel-Hirn-Trauma verbunden waren, gelang, in ein selbstbestimmtes Leben zurückzukehren.

Dass dies nur gelang mit der Unterstützung und selbstlosen Hilfe meiner Therapeuten und der liebevollen Betreuung durch meine Angehörigen bedarf eigentlich keiner Erwähnung.

Ganz zu schweigen von der Kunst der Neurochirurgen im Krankenhaus Bogenhausen in München, in das ich nach dem Unfall eingeliefert wurde. Sie haben mit den ersten operativen Eingriffen die Grundlage für mein Überleben gelegt.

Ihnen möchte ich an dieser Stelle meinen besonderen und herzlichen Dank aussprechen.

Die Intention dieses Buches ist nicht nur, Bericht darüber zu geben, wie ich wieder an die „Oberfläche", also in das bewusste Leben zurückfand, sondern ich möchte allen ähnlich Betroffenen Mut machen und Motivation geben, trotz aller erlittenen Schäden, trotz aller zu erduldenden Beeinträchtigungen doch niemals den Lebensmut zu verlieren, sondern sich immer wieder – Tag für Tag – darauf zu besinnen, dass das wirkliche, bewusste Leben schöner ist als alle Träume.

Ja, ich habe während und besonders nach meiner Rekonvaleszenz viel durchmachen müssen, bis mein Verstand wieder so weit klar war, zu realisieren, was nun **nicht** mehr geht, obwohl er noch viele Wünsche in sich trug!

Die verschiedensten Möglichkeiten wurden in Betracht gezogen, bis ich schließlich doch an einen Punkt gelangt bin, an dem ich für mich den bestmöglichen Weg gefunden habe.

Schließlich sei noch klargestellt: Einen Ghost-Writer gab es nicht; der Text des Buches stammt ausschließlich von mir. Verschiedentlich sind daher wohl manche Abläufe etwas bunt gemischt; das liegt letztlich daran, dass meine Erinnerung nach dem schweren Schädel-Hirn-Trauma nicht mehr ganz chronologisch funktioniert. Mein Vater hat mir hin und wieder geholfen, die Abfolge der Geschehnisse im Wesentlichen einzuhalten.

Kapitel 1 – Rückschau

Ich bin am 6. September 1971 in Mühldorf am Inn geboren worden – mit einem Feuerwerk, denn an diesem Tag wurde das Volksfest in Mühldorf mit Raketen und Böllern beendet. Also ein Start ins Leben wie er spektakulärer nicht sein kann!

Ich stand damit meinem älteren Bruder Frank in nichts nach, wurde er doch sechs Jahre vor mir an Sylvester geboren – wenngleich ich zugeben muss, dass das Feuerwerk an seinem Geburtstag größer war als an meinem.

Meine Familie lebte damals im Westen Münchens in einer Etagenwohnung im 5. Stock, mein Vater war in einer Bank beschäftigt und meine Mutter kümmerte sich um uns Kinder und den Haushalt. Meine Kindheit – so kann ich wohl sagen – nahm einen freizügigen, gleichwohl behüteten, harmonischen und zum Teil auch von kleinen Abenteuern begleiteten Verlauf. Daran änderte sich auch nichts, als meine Eltern 1978 das Landleben suchten und mit uns Kindern nach Pleiskirchen zogen, damals ein kleines Dorf nicht weit entfernt von Altötting.

Die ungetrübte kindliche Lebensfreude wurde nur ein wenig getrübt, als meine Schulzeit begann. Meine Schulkameraden – die zum Teil aus den umliegenden Bauernhöfen stammten – verstand ich anfangs nur sehr schlecht. Dass die Aufforderung „Geh' viere" nichts mit der Zahl „vier" zu tun hat, sondern nur eine Aufforderung war, an die Tafel nach vorne zu gehen, hat mich nicht wenig erstaunt. Aber derartige Missverständnisse nahmen von Tag zu Tag ab, denn das Zusammenleben mit meinen neuen Freunden hatte zur Folge, dass mir der bayerische Dialekt zur zweiten sprachlichen Heimat wurde.

Aber da es sich nicht nur um eine sprachliche neue Heimat handelte, sind mir auch noch andere, gemeinsam erlebte Unternehmungen in Erinnerung, wie z. B. abenteuerliche Spaziergänge, die mein älterer Bruder und mein Vater mit mir unternommen haben, bei Tag und bei Nacht, durchs liebliche, hügelige Holzland, in dem wir lebten, mit Brotzeiten und nachts mit Taschenlampen; wir saßen auf Hochsitzen, bahnten unseren Weg durchs Unterholz, suchten mit den Lampen einen Weg, um z. B. an die andere Seite eines Bachs zu kommen – immer begleitet von den Kommentaren meines Vaters, der uns wie bei Karl May in eine Verfolgungssituation versetzte, wobei ich nie genau wusste, ob wir verfolgt wurden oder jemanden verfolgten.

Die Zeit vor dem Unfall

Wie üblich fuhr ich bei meinem Schulfreund vorbei, um ihn mit zur Schule zu nehmen. Ich hatte damals schon den Führerschein, er noch nicht. Wie waren nicht nur Klassenkameraden, sondern auch gute Freunde. Außerdem verband uns auch der Sport, denn wir waren beide im gleichen Judoverein und haben uns da in Selbstverteidigung geübt, was bei mir bis zum Erwerb des „Blauen Gürtels" führte.

In der Schule saßen wir nebeneinander und ergänzten uns sehr gut, weil mein Freund mehr der mathematische Typ war und ich der sprachlich begabte. Bei entsprechenden schriftlichen Tests konnten wir uns daher gegenseitig sehr gut „unterstützen".

Durch den Sport lernte ich mehr Freunde in Töging kennen. Ich spielte Tischtennis genauso wie Tennis im Verein und da kommt man natürlich mit Menschen in Kontakt, mit denen man einige Gemeinsamkeiten hat und sei es nur der Sport! Man kommt ins Gespräch und merkt, dass doch noch mehr gleiche Interessen existieren, die man dann evtl. gemeinsam er- und ausleben möchte! Im sportlichen Bereich angefangen, begann das gerade im Judo, denn ich trainierte selber dort sogar nach einer gewissen Zeit die Junioren und fuhr auch mit zu Meisterschaften, bei denen ich einmal den Vizeweltmeister in seiner Gewichtsklasse habe kämpfen sehen, und versuchte dabei, mir das ein oder andere abzugucken oder wir verlebten eben ganz einfach gemeinsame gesellige Abende nach dem Training.

Auch im Tennis hat sich viel getan, angefangen von den Verbandsrunden über die Vereins- und Stadtmeisterschaften bis hin zu privaten Ranglistenspielen, so genannten Forderungen, um die eigene Platzierung in der Vereinsrangliste zu verbessern. Ja, und als ich dann mit den jeweiligen Sportpartnern wegging, hat man natürlich durch deren schon existierenden Freundeskreis wieder weitere Leute kennengelernt, mit denen man sich auch verstanden hat, und so entwickelte sich dann relativ schnell ein gewisser fester Freundeskreis.

Ein sehr großes Glück war, dass ich alle meine schulischen Anforderungen, ohne einmal eine Klasse zu wiederholen, geschafft habe! Ich hatte also nie eine Klasse in meinem schulischen „Werdegang" wiederholen müssen! Ich hatte mir immer gesagt, „4 gewinnt", denn mit einer 4 schafft man die geforderten Leistungen und daher ist man persönlich nicht so sehr belastet, denn die Zeit, die man sonst in Sachen Lernen „verlieren" würde, hatte man dann für andere Unternehmungen mit Freunden und dem Sport!

Die Schulzeit war, zumindest für mich damals, eine wirklich sehr angenehme Zeit! Ich habe mich, wenn ich heim- gekommen bin und durch das gute Essen – von Mutter gekocht – gestärkt war, immer erst noch etwas hingelegt, entspannt, mir den bis dahin abgelaufenen Tag noch etwas durch den Kopf gehen lassen und mich dann den weiteren Aktionen gewidmet!

Die Schulzeit verlief für mich relativ schnell und als ich sie schließlich hinter mir hatte, rief mich der Staat und ich musste meinen Wehrdienst ableisten! Ein Jahr Grundwehrdienst konnte ich verkraften. Ich kam zur Grundausbildung nach Mittenwald und war damit auch sehr zufrieden, denn ich hatte bei meiner Musterung angegeben, ich würde gerne meinen Dienst beim Heer ableisten und dort wenn es ginge in den Bergen. Und wie's sein sollte, wurde ich tatsächlich nach meiner Grundausbildung zur Gebirgs- und Winterkampfschule nach Bad Reichenhall und dort zu der Gebirgstragtier- kompanie versetzt, ein Teil der Gebirgsjägerbrigade 23. Ich muss sagen das war ein Riesenglück. Arbeit mit Tieren, die ich schon immer sehr gerne machte, dann auch noch in den Bergen und zusätzlich nah an meinem Wohnort zu sein, das war wirklich eine positive Konstellation.

Dieser Dienst in Reichenhall machte mir wirklich Freude. Wir machten tolle Bergtouren, eigentlich immer mit den Tieren, die von uns natürlich nur Mulis – von Maultier zu Muli – genannt wurden, oder sonst bei dem Namen, den sie trugen.

Mein Maultier hieß Esther, durchaus ein recht ungewöhnlicher Name für ein Maultier, aber der Name war ihr eben gegeben worden!

Wir sind sogar auch einmal für eine Woche im Winter in die Berge zum „Winterbiwak" und sollten das Überleben im Gelände trainieren! Das heißt, wir haben mit unseren Mulis einen recht langen Weg in die Berge gemacht und lernten dort, uns im Gelände einzurichten. Wir haben uns dann zu kleinen Gruppen zusammengetan, nämlich die, die auch schon in der gleichen Stube waren, und haben uns, oben angekommen, Iglus für die Übernachtungen gebaut.

Es hört sich sicher recht wild an, sich in der jetzigen Zeit ein Haus aus Schnee zu bauen, aber als Soldat einer Gebirgsbrigade musste man so etwas natürlich können, keine Frage. Es war wirklich äußerst lehrreich, mitten im Wald für eine Woche zu leben, sich mit seinen Kameraden und auch den Tieren ein relativ angenehmes Dasein in dieser Zeit zu organisieren und trotzdem den militärischen Alltag nicht zu vergessen!

Also mussten wir wie in der Kaserne in der Früh antreten, Befehle entgegennehmen und auch entsprechend ausführen, was hier draußen doch etwas anderes war und sich nicht so leicht umsetzen ließ wie sonst in der Kaserne!

Aber so ein Winter-Biwak gehörte nun mal zur Ausbildung eines „Gebirgs-Tragtierführers" einfach dazu. Da half es auch nichts, sich noch irgendwie gegen manche Befehle eines Vorgesetzten zu widersetzen, sondern man lernte sehr schnell, dass die Befehle sinnvoll waren und wir haben sie so gut wir konnten ausgeführt. Man hatte immer etwas zu tun, von verschiedenen Märschen, natürlich mit den Tieren, zu teils sehr hoch gelegenen Punkten über das Erlernen, wie man sich in diesem Gelände bewegen sollte, ohne viele Spuren zu hinterlassen, bis hin zum Auf- und Absatteln der Mulis in schwierigem Gelände.

Und da muss ich noch eine kleine Geschichte loswerden, die bei diesem „Satteln im Gelände" einem Kameraden geschehen ist. Denn als er eigentlich schon fertig gewesen war, wollte er noch einmal überprüfen, ob der Bauchgurt, der den Sattel fixiert, auch wirklich fest sitzt, und hat sich doch tatsächlich mit seiner Hand unglücklich in diesem Gurt verfangen und als sich das Tier durch ein weiteres Muli, das hinter ihm gestanden ist, erschrak, begann es plötzlich heftig zu schnauben und ging durch. Mein Kamerad wurde dann viele Meter mitgeschleift, bis sich seine Hand schließlich aus dem Gurt, Gott sei Dank, löste und er ziemlich ramponiert liegengeblieben ist. Ja es war eine sehr lange „Schrecksekunde", die mein Kamerad durchleben musste, und er ging danach auch wesentlich ruhiger mit den Tieren um!

Dieses Winterbiwak war eine erlebnisreiche und auch sehr lehrreiche Erfahrung, die ich in meiner Bundeswehrzeit machte – letztlich auch wegen der erfahrenen Kameradschaft.

Als die Bundeswehrzeit nach einem Jahr zu Ende gegangen war, ich also meine Kompanie als sog. „Ausscheider" mit Pauken und Trompeten verließ, habe ich mir, wieder zu Hause angelangt, überlegt, wie es weitergehen kann, denn ein Studium konnte ich noch nicht beginnen, da ich doch tatsächlich den Einschreibetermin verpasst hatte, wollte meine jetzt freie Zeit aber auch einigermaßen sinnvoll nutzen.

So habe ich mich überall umgehört und, welch Glück, bekam mit, dass eine Tankstelle in unserem Landkreis jemanden sucht, der hin und wieder dort arbeiten könnte! Also sowohl hinter dem Tresen stehen und das Getankte abkassieren als auch das große Lager, mit all den verschiedenen Dingen, die man an einer Tankstelle neben dem Benzin noch erwerben kann, immer auf dem aktuellen Stand zu halten, damit fehlende Artikel vom Lager geholt werden können. Man musste also auch einiges zum Wiederbefüllen nachbestellen. Angefangen von Müsliriegeln über Körperpflegeprodukte bis hin zu den verschiedensten Getränken.

Aber natürlich sollte man auch alles Weitere im Auge haben, also alles, was sich ums Tanken und Einkaufen dreht! Nach dem Auffüllen und Einsortieren der verschiedenen Produkte musste neben dem aufmerksamen Beobachten der Nutzung der Tankstelle auch noch auf die Reinlichkeit Wert gelegt werden und so wurde der Innenraum der Tankstelle stets am Abend feucht gewischt!

Hin und wieder haben mich auch meine Freunde dort besucht, evtl. etwas eingekauft oder sogar getankt und wir haben nett miteinander geredet!

Es war also eine Arbeit, die mir nicht unbedingt große Freude bereitete, aber dennoch für einen guten Nebenverdienst absolut super gepasst hat!

Außerdem kam mir dann in Erinnerung, dass ich ja, bevor ich eingezogen wurde, am damaligen Flughafen Riem als sogenannter „Loader" gearbeitet hatte. Das heißt also, dass ich das Gepäck nach dem Check-in angenommen und in einen großen Container gelegt oder eben später geschmissen habe. Ich habe damals in Riem sehr früh zu arbeiten begonnen. Die ersten Maschinen sind um 6.00 Uhr abgeflogen und zwei Stunden vorher wurden die Check-in-Schalter geöffnet. Das hieß für mich um 2.00 Uhr aufstehen und um 3.00 Uhr losfahren.

Ich brauchte eine Stunde von zu Hause zum Flughafen und so hatte es immer gepasst, wenn nicht irgendwelche unvorhergesehenen Dinge passierten, wie z. B. Glatteis in der Früh.

Das „Loadern" hat echt auch Spaß gemacht! Es war zwar nichts, was viel mit Kopfarbeit zu tun hatte, aber dafür hatte ich nun wenigstens eine Arbeit zusammen mit angenehmen Kollegen, und in der besonderen „Flughafenatmosphäre" war das immer sehr abwechslungsreich. Na ja, dazu kommt ja auch, dass wenn man sagen kann, man arbeitet am Flughafen und nicht was für eine Tätigkeit man dort ausführt, weil man ja meist auch nicht danach gefragt wird, wird man fast immer doch etwas anders wahrgenommen oder angesehen! Gemein zwar, aber auch das gefällt in einer bestimmten Weise!

Man hat auch gesehen, mit welchen Dingen die Menschen teilweise verreisen, welche persönlichen Dinge sie mitnehmen wollen, damit es wohl dem eigentlichen Daheim relativ nahekommt!? Na ja, und das, obwohl sie doch eigentlich in den Urlaub fahren, also weg von zu Hause?! Hm, das verstehe, wer will.

Und wie oft man sehr energisch darauf hingewiesen wird, dass man sehr vorsichtig mit den Koffern umgehen soll, obwohl, so kam es mir vor, die Reisenden nicht so weit dachten, dass die Gepäckstücke ja auch an dem angegebenen Ziel ankommen werden, und wie wird dann dort damit umgegangen, hm??? Das weiß niemand!

Aber hier, fast noch zu Hause, konnten sie doch sagen, wie was gemacht werden sollte, zumindest bei der

Verladung, weil es ja auch um ihr persönliches und eigenes Gut ging! Wenn so etwas vorkam, haben wir Kollegen uns entsprechend angesehen, etwas gedacht, vielleicht auch eine entsprechende Bemerkung gemacht und dann doch so weitergemacht wie immer!!! Man denkt sich ja auch immer, dass man diese Personen mit einer sehr, sehr großen Wahrscheinlichkeit eh nie wieder sehen wird, wozu sollte man sich dann also hier wahnsinnig für diesen einen Reisenden anstrengen?! Aber natürlich musste es insgesamt stimmen, das Gepäck durfte natürlich nicht irgendwie durch die Verladung Schaden nehmen oder sogar an eine andere Destination geschickt werden! Sonst würde von der Firma evtl. Regress verlangt und so etwas kommt nicht gut an, darf also nicht passieren!

Und da ich ja immer so früh begonnen hatte, hatte ich auch entsprechend sehr früh am Tag wieder Schluss und bin dann eben gleich wieder nach Hause nach Töging am Inn gefahren! Ich war am Vormittag wieder daheim und hatte meine Arbeit hinter mir. Konnte also mit den Freunden am Wochenende noch am Abend weggehen und etwas Spaß haben! Natürlich nur, wenn ich am nächsten Tag nicht am Flughafen arbeiten musste. Und eines Tages haben wir beim Weggehen eine alte Bekannte wiedergetroffen, die mit ihrer Freundin unterwegs war, und wir durften uns zu ihnen an den Tisch setzen! Dann haben wir uns wirklich sehr gut unterhalten, inkl. versteckter Witze über manche Dinge, und so kam es, dass wir uns nicht nur an diesem einen Tag gesehen haben, sondern uns sehr oft in diesem gleichen Lokal getroffen und uns eben auch immer wieder sehr nett unterhalten haben! Es machte uns allen Spaß, meinen Freunden und mir genauso wie den anderen beiden, und so trafen wir uns „unausgemacht", ganz einfach „zufällig" wirklich sehr häufig dort! Ob hier der Zufall nicht irgendwie ein geplanter Zufall gewesen ist, sei mal dahingestellt! Wir kamen immer mehr ins Gespräch, unterhielten uns über die verschiedensten Dinge und ich fühlte mich zu einer der beiden jungen Frauen besonders hingezogen! Ja, was und wie sie manches erzählte, gefiel mir äußerst gut und so versuchte ich auch, immer ein bisschen näher an die junge Frau heranzurutschen!

Dann gingen auch beide Frauen immer gleichzeitig zur Toilette und redeten dort unbeobachtet über etwas, was man eben so nicht mitbekommt bzw. mitbekommen sollte. So ging es einige Wochen und auch ich fand, dass die junge Frau, welche ich als die Interessantere der beiden fand, sich immer mehr auch zu mir orientierte. Das war sehr angenehm für mich! Und da mein Singelleben ja so auch nicht weitergehen sollte, war es auch noch sehr für weitere, in die Zukunft gehende Gedanken bestimmt!

Und tatsächlich war es eines Abends so, dass meine Freunde aus unserem Lokal plötzlich wegmussten und sogar die Freundin meiner potenziellen Partnerin das Lokal verlassen musste, sodass wir nur zu zweit dasaßen und uns eine Zeit lang insgeheim über diese plötzlich für uns positiv eingetretene Situation freuten, uns dann sehr genau ansahen, auch in die Augen blickten, immer näher mit den Köpfen zueinander gingen und uns dann unseren ersten Kuss gaben!!! Jetzt sollte es also so sein, dass ich wieder eine feste Freundin hatte! Und wie ich mich gefreut habe! Aber man sollte nun doch erst einmal herausfinden, wie man zusammen das Leben weiterführen kann, ohne große Abstriche bei den eigenen für richtig und auch angenehm empfundenen Dingen machen zu müssen?! Viel hat sich schon dadurch geklärt, dass wir eben auch viele Dinge zusammen sehr gerne gemacht haben, man musste also in diesem Bereich auf nichts verzichten! Und da man ja auch in einer Beziehung sehr viel miteinander reden sollte, ergaben sich nur äußerst wenige Dinge, wo wir konträr waren bzw. wo man den anderen nicht auch dafür begeistern konnte! Durch meine Arbeit am Flughafen hatte ich auch supergünstige Flüge für wirklich wenig Geld bekommen und so sind wir erst einmal zu meinem Onkel nach Griechenland, genauer zuerst nach Heraklion auf Kreta, zu Recht als Insel der Götter bezeichnet, geflogen.

Von dort ging die Reise mit dem Bus weiter nach Rethimnon, wo mein Onkel wohnt. Nach einer langen, herzlichen Begrüßung liehen wir uns ein Motorrad und haben die Insel erkundet. Angefangen von den Sehenswürdigkeiten wie z. B. Konossòs, die Samaria-Schlucht bis hin zu Fesstòs. Den griechischen Wein haben wir dabei nicht verachtet. Es war also ein wirklich sehr schönes Miteinander, nicht nur im Urlaub, sondern natürlich besonders auch als wir zu Hause waren! Auch deshalb, weil meine Freundin schon in meinen Freundeskreis eingebunden war und in dieser Hinsicht keine Eingewöhnungsprobleme hatte.

Ja, es war eine sehr schöne Zeit, in der wir beide viel erlebt haben, sie lernte mein Familienleben kennen, wohnte auch teilweise bei mir zu Hause, und ich lernte dafür ihr Umfeld kennen. Da sie eine Wohnung in München hatte, denn sie arbeitete als Sofa – eine Abkürzung für „Sozialversicherungsfachangestellte" –, hatten wir dann auch in München viel Spaß! Sind zusammen dort weggegangen, haben uns gute Sachen gekocht, besser gesagt sie hat gekocht und ich habe ihr nur bei kleinen Dingen geholfen. Habe also irgendetwas ab- oder kleingeschnitten und sie hat daraus etwas echt „Leckeres" gezaubert und wir haben uns dann einen netten gemeinsamen Abend gemacht! Und zumindest ein guter Tee hat dann dabei auch nicht fehlen dürfen, denn sie trank mindestens genauso gerne Tee wie ich damals schon! Ja, so hatte ich wirklich eine sehr angenehme Zeit vor mir! Hatte eine gute Arbeit, die mir auch wirklich Spaß gemacht hat, eine tolle Familie, gute Freunde, konnte relativ viel Sport treiben – kam immer auf das Wetter an – und hatte dazu jetzt auch noch eine Freundin. Was wollte man also mehr?!

Und all die zukünftigen Dinge, wie z. B. das Studium, waren ebenfalls geplant und man musste nur noch auf die entsprechende Zeit warten, damit ich mich für die Vorlesungen einschreiben konnte. Da gingen mir natürlich auch einige verschiedene Studiengänge durch den Kopf, ich war mir also am Anfang nicht 100 % sicher, was ich wirklich studieren möchte, und ich habe mich sehr schwer zwischen dem nicht allzu üblichen Studiengang Forstwirtschaft und dem eben doch sehr herkömmlichen Studium der Betriebswirtschaft hin- und hergerissen gefühlt. Für Forstwirtschaft sprach, dass ich sehr gerne etwas mit Tieren zu tun haben wollte, Wälder und Flüsse sehr gerne mochte, auf der anderen Seite aber auch nicht vergessen durfte, wie meine Zukunft aussehen sollte! Wie wäre es, wenn ich nach einem positiv abgeschlossenen Studiengang ohne Arbeitsplatz dastand und wie würde es dann für die Zukunft aussehen?! Das waren Gedanken, die gegen das Studium der Forstwirtschaft sprachen!

Auf welchen Fachbereich würde dann also meine Entscheidung fallen?!

Aber da ich gesehen hatte, dass auch mein Bruder

BWL studierte, habe ich mich dann doch dazu durchgerungen und ebenfalls dieses Studium begonnen! Könnte mir ja auch evtl. Unterlagen von ihm kopieren, sofern ich den gleichen Professor in einem Fach hatte, und mich so etwas leichter in gewisse Gebiete einlesen.

Bevor jedoch dieser Ernst beginnen sollte, konnte ich wieder einmal durch ein erneut supergünstiges Angebot vom Flughafen mit meiner Freundin zusammen nach Kanada fliegen! Der Flug ging von München nach Toronto und dort dann in ein ebenfalls schon am Flughafen reserviertes Hotelzimmer.

Die freundliche Dame an der Rezeption hat uns einige Vorschläge gemacht, welche Sehenswürdigkeiten wir besuchen sollten. An erster Stelle standen natürlich die Niagara-Fälle! Dorthin sind wir dann mit dem Bus gefahren und konnten es kaum glauben, jetzt an diesem überwältigen Naturschauspiel zu stehen, dass man bisher nur aus Fernschaufnahmen kannte! Es war für uns ein großes Naturerlebnis, das ich nicht mehr vergessen werde!

Nach unserer Reise schrieb ich mich also an der Fachhochschule Landshut für das Studium der Betriebswirtschaftslehre ein. Durch Zufall ergab sich, dass ich einen alten Klassenkameraden wiedertraf, der ebenfalls in Landshut sein Studium begann. Wir kannten uns aus der Grundschule, waren dort in derselben Klasse gewesen und hatten viele Spaziergänge und Ausflüge, auch mit unseren Hunden, gemeinsam unternommen. Was lag näher, als mit ihm eine Fahrgemeinschaft auszumachen, um sich die Benzinkosten zu teilen für die immerhin insgesamt 100 km für Hin- und Rückfahrt.

Die ersten Vorlesungen, die ich hörte, haben mich beeindruckt! Die Materie war interessant und spannend und ich fühlte mich voll bestätigt in meiner Entscheidung zu diesem Studium. Hinzu kam, dass sich in mir inzwischen der Wunsch gefestigt hatte, freiberuflicher Steuerberater zu werden, nicht zuletzt auch geweckt durch den Professor, der an der Hochschule das Fach Steuern lehrte.

Zum BWL-Studium in Landshut gehörten auch sog. Praxissemester, um die Theorie durch praktische Erfahrungen zu ergänzen.

Viele Studenten haben dadurch auch die Chance bekommen und ergriffen, ihre erste feste Anstellung bei den Unternehmen zu erhalten, bei denen sie sich schon als Praktikant bewährt hatten.

Ich hatte das Glück mein erstes Praktikum ganz in der Nähe meines Wohnorts bei einem mittelgroßen Logistikunternehmen ableisten zu können.

Die Arbeit dort gefiel mir, auch weil ich mit jungen, aufgeschlossenen Leuten zusammengearbeitet habe.

Die Geschäftsführung bot mir sogar an, nach meinem Studium in die Firma einzutreten, um dort im Organisationsbereich Karriere zu machen. Aber mein Berufsziel, Steuerberater zu werden, wollte ich nicht aus den Augen verlieren.

Aber immerhin, ich wusste, ich habe mit meinem Studium keine schlechten Chancen in der Wirtschaft.

Ich war überhaupt mit meinem damaligen Status sehr zufrieden, es hatte sich eigentlich alles so entwickelt, wie ich es mir vorgestellt habe: Ich hatte die Schule geschafft, meine Bundeswehrzeit erfolgreich abgeschlossen, hatte seit mehreren Jahren eine liebe Freundin und sah voller Zuversicht selbstbewusst in die Zukunft. Hin und wieder stellten sich Tagträume ein und ich sah mich in meinem Steuerberaterbüro sitzen, gute Kunden, die auf ihren Termin warteten, ich sah mich im Kreis meiner Familie, natürlich mit meinem Hund und in einem, meinem gemütlichen Haus auf dem Land.

Ich fühlte mich bestätigt, denn schon immer habe ich auf die Kraft des positiven Denkens vertraut als eine Voraussetzung dafür, im Leben Erfolg zu haben. Und soweit es mich damals betraf, hatte es sich eingestellt.

Natürlich gibt es immer kleinere Umstände, die sich besser gestalten könnten, aber ich fühlte mich alles in allem fit für die Zukunft und die vor mir liegenden Aufgaben.

Der Sport lag mir nach wie vor am Herzen und ich betrieb ihn fleißig und auch regelmäßig. Er war mein Gegenpol zu den geistigen Anforderungen und half mir, mich immer wieder auf das für mich Wesentliche zu konzentrieren: Das Erreichen eines positiven Studiumabschluss war so etwas!

Andererseits kam es mir aber auch darauf an, mich nicht abzukapseln, sondern die Gesellschaft meiner Freunde und Sportkameraden zu suchen und auch zu genießen. Ob nun beim bayerischen Kartenspiel „Watten" oder bei Tennisturnieren oder bei einem gemeinsamen Besuch im modernen und großzügig gestalteten Töginger Schwimmbad.

Da finanzielle Mittel auch einen gewissen Einfluss auf das tägliche Leben haben und ich nach meiner Bundeswehrzeit darüber nicht mehr so großartig verfügen konnte, musste ich mir etwas suchen, was mir vor meinem Studienbeginn auch noch ein paar „Öre" bringt. Da ich mich mit meinem Bruder schon immer sehr gut verstanden habe und auch er vor dem Beginn seines Studiums natürlich Geld benötigte, hatte er gemeint, ich könnte doch einfach einmal dort nachfragen, wo er bereits arbeitete, nämlich am Flughafen, damals noch in München/Riem!

Und da mein Bruder damals vor seinem Studium dort gearbeitet hatte, konnte er selber gleich nachfragen und siehe da, ich hatte Glück und wurde zu einem Vorstellungsgespräch eingeladen! Das Gespräch verlief sehr positiv und auch die Frage nach Fremdsprachenkenntnissen konnte ich bejahen. Englisch an erster Stelle natürlich.

Dieses Gespräch hat sicher sehr dazu beigetragen, dass ich nach dem Vorstellungsgespräch auch gleich eine Computereinweisung bekommen habe. Also wurde ich genommen!

Darüber habe ich mich sehr gefreut und war auch ein wenig stolz, denn mir wurde klar, dass all die durchgestandenen Jahre in der Schule sich gelohnt haben, einschließlich der erworbenen Sprachkenntnisse.

Gleich am nächsten Tag rief ich die damalige Personalchefin an, führte mit ihr ein langes Gespräch, bei dem noch alle offenen Fragen geklärt wurden, und mit dem mir angebotenen Stundenlohn war ich auch zufrieden.

An meinem ersten Arbeitstag unterschrieb ich den Arbeitsvertrag, holte meine Arbeitskleidung ab und begann mit meinem Job als „Loader" am Münchner Flughafen.

Loader bedeutet, dass man das aufgegebene Gepäck hinter den Check-in-Schaltern den dortigen so genannten Check-in-Agents abnimmt und es in die bereitstehenden Container, die dann zum Flugzeug gezogen werden, einlädt, „verstaut".

Meine Arbeit gefiel mir sehr gut, das Arbeitsklima war angenehm und kollegial, ich hatte nette Kollegen und die Arbeitszeit betrug mindestens 4 Stunden – ihr

Beginn war allerdings schon um 3.45 Uhr morgens, was allerdings etwas negativ zu sehen war.

Ich befand mich am Flughafen in einer ganz neuen Welt und besonderen Atmosphäre und konnte beobachten, wie unterschiedlich sich Fluggäste verhielten. Die einen waren lässig und entspannt, zahlten ohne Protest eine „Übergebühr" für ihr evtl. zu schweres Gepäck, andere waren aufgeregt und rechthaberisch und wieder andere glaubten, mit einem Geldschein „unter der Hand" könnten sie sich den gewünschten Platz im Flugzeug „erkaufen".

Aber letztlich war wichtig, dass sich alles eigentlich sehr gut angelassen hatte. Ich hatte Arbeit am Flughafen, verdiente Geld und hatte eine nette Freundin, mit der ich sehr viel gemeinsam unternehmen konnte. Was fehlte mir also damals? Nichts, ich war sozusagen wunschlos glücklich.

Aber natürlich gingen meine Gedanken in der damaligen Zeit auch in die Zukunft und mir war klar, dass ihre wichtigste Basis ein möglichst guter Abschluss meines geplanten Studiums sein würde. Diese Erkenntnis spornte mich an, immer am Ball zu bleiben.

Sportlich aktiv zu sein war für mich immer sehr wichtig. Letztlich sah ich drin auch eine Quelle geistiger Fitness. Tennis und Laufen standen dabei im Vordergrund, verbunden mit der Überzeugung, dass nicht nur im Sport Konzentrationsfähigkeit einerseits und Ausdauer andererseits Eigenschaften bzw. Voraussetzungen sind, um nachhaltige Leistungen zu erbringen, sondern eben auch in der beruflichen Welt.

Ich war also im Sommer oft auf dem Tennisplatz bzw. im Winter in einer Tennishalle, die der Verein angemietet hatte. Besonders motiviert hat es mich, mit meiner Tennismannschaft zu trainieren und dabei sehr gut zu spielen, um meine Aufstellung bei Turnieren sicherzustellen.

Gelaufen bin ich in der Regel alleine eine festgelegte Strecke von einigen Kilometern, die ich bei jedem Wetter absolviert habe.

Aber Tennis war doch meine bevorzugte Sportart. Vielleicht auch deshalb, weil meine ganze Familie, meine Eltern, mein Bruder, diesen Sport lieben und betreiben. Ich war sogar einmal Stadtmeister von Töging am Inn, dem Ort, in dem ich wohne. Solche Erfolge gaben mir Aufschwung, denn nichts motiviert mehr als Erfolg.

Auch kenne ich natürlich die lateinische Weisheit: „Men sana in corpore sano", die Wechselbeziehung zwischen einem gesunden Geist und einem gesunden Körper war für mich absolut wichtig und unverzichtbar.

Aber egal aus welchem Grund man seine Sportsachen anzieht, entweder weil man einfach Freude am „Sporteln" hat oder Stress nach der Arbeit abbauen möchte – hinterher fühlt man sich einfach wohl, hat einen freien Kopf und gewinnt so vielleicht ganz neue Sichtweisen auf verschiedene Angelegenheiten und Probleme, die dann plötzlich ihre Schwere und Bedrohlichkeit verlieren.

Zurückblickend sehe ich mich im September 1991 mit großen Erwartungen nach Landshut fahren, denn dort hatte ich den Studienplatz für BWL bekommen. Hatte mich zwar auch in Weihenstephan für Forstwirtschaft angemeldet, jedoch war es dort aufgrund der Größe der Hochschule zu überlaufen, und so wurde ich erst einmal abgelehnt bzw. zurückgestellt.

Nach einer relativ kurzen Zeit der Orientierung in

meiner Hochschule in Landshut habe ich also tatsächlich den richtigen Vorlesungssaal gefunden und mich gesetzt, um alles Weitere mitzubekommen!

Tja und konnte das sein, dachte ich mir, da ist doch tatsächlich mein sehr alter Freund aus Töging mit dabei!? Mit ihm hatte ich früher wirklich sehr viel zusammen erlebt und gemacht, aber ich hatte ihn trotzdem nun schon einige Jahre nicht mehr gesehen!

Ja, die Freude lag auf beiden Seiten, denn auch er war sehr positiv überrascht, mich hier vorzufinden. Und natürlich haben wir uns auch gleich wie früher zusammen an einen Tisch gesetzt und gelauscht, was vorne geredet wurde! Und so komisch es auch ist, es war nach einer kurzen Zeit wieder so, als ob wir direkt von der Schule in den Vorlesungssaal gewechselt hätten und dort nun sitzen würden. Wir sind ja auch in der Schulzeit immer in der gleichen Bank gesessen!

Nun fühlte ich mich auch etwas gestärkt, da ich jetzt einen meiner Kommilitonen kannte. Da ich mir jetzt nicht ganz so verloren unter einer wirklich sehr großen Anzahl Studenten vorkam, konnte ich auch konzentrierter die jeweiligen Inhalte einer Vorlesung aufnehmen. Auch fand ich es meistens sehr interessant, wenn es um Entscheidungen und entsprechende Vorgänge einer wirtschaftlichen Betrachtungsweise ging. Wie und warum wurde in einer gewissen Art gedacht, was steckte hinter manchen Überlegungen und was war das eigentliche Ziel davon! Das wurde versucht, uns klar und verständlich zu vermitteln.

Alles passte zusammen in dieser Zeit: Ich war sportlich aktiv, mein Kopf war durch das Studium beschäftigt und ausgelastet, ich hatte eine nette Freundin und gute langjährige Freunde und in meiner Familie, im „Hotel

Mama", gab es immer reichlich „Nestwärme" bei Bedarf.

Hinzu kommt, dass ich neben meiner Arbeit am Flughafen dort auch viele aufschlussreiche und interessante Gespräche mit meinen Kollegen führen konnte, denn viele waren auch Studenten, aber von anderen Fakultäten und mit unterschiedlichen Studiengängen. Da konnten wir uns, manchmal sehr intensiv, über verschiedene Probleme in dem einen oder anderen Bereich austauschen.

Gerne habe ich damals mit Kollegen natürlich über das BWL-Studium gesprochen. Sie auch mit mir, mit viel Positivem über den Studiengang allgemein und auch über die möglichen Beschäftigungsmöglichkeiten danach! Natürlich wusste ich, dass man bei solchen „Erzählungen" einen Großteil nicht immer als wirklich wahr annehmen konnte, denn man erzählt und beschreibt doch immer etwas sehr positiv, welche Hürden man überwinden musste, um nun letztlich doch mit einem erfolgreich abgeschlossenen Studiengang als „Gewinner" dazustehen. Aber auch dadurch wuchsen meine Vorfreude und Spannung auf das Studium umso mehr und ich malte mir aus, wie ich als selbstständiger Unternehmer am Morgen nach einem guten Frühstück zur Arbeit fuhr und recht beschwingt beginne. Es sollte auch eine Arbeit mit Menschen sein, da ich mich sehr gut auf Personen einstellen konnte, es mich auch interessierte, was bis jetzt gemacht und erlebt wurde und auch in welchen zukünftigen Vorstellungen das weitere Leben geführt werden sollte!

Und hier gewinnbringend beteiligt zu sein, hat mir eben schon immer Freude gemacht.

Und je weiter ich in diesem Bereich dachte und überlegte, desto näher kam der Wunsch, mich nach dem Studium auf den Weg in Richtung Steuerberater zu machen. Denn hier hat man einen freien Beruf und bietet Hilfestellung in steuerrechtlichen und betriebswirtschaftlichen Fragen, ist aber auch in einer für Menschen beratenden Tätigkeit. Ja, das war es!

Mir lag nun sehr viel daran, den Weg zu einem guten und angesehenen Steuerberater zu gehen!

Und so sollte man optimistisch, für den anderen denkend, gepaart mit dem nötigen Wissen beginnen, einen dann möglichst befriedigenden Beruf zu ergreifen!

Der Unfall

Wie schon die letzten drei Jahre gehe ich nach getaner Arbeit zum Flughafenparkplatz, um am 16. Februar 1996 um 18.00 Uhr nach Hause, Töging am Inn, zu fahren! Es lief immer nach dem absolut gleichen Schema ab und ich traf auch noch eine gute Kollegin, die in Erding wohnte und ebenfalls nach Hause fahren musste.

Was allerdings nicht ganz so schön gewesen ist, war, dass ich eine Stunde später als eigentlich geplant aufhören konnte, da eine Airline sich verspätete, nämlich die Malaysia-Airlines, für die ich sogar als so genannter Lead-Agent gearbeitet hatte, was bedeutet, dass ich für alles verantwortlich war, was den reibungslosen Check-in-Ablauf angeht, vor allem für die sog. Nacharbeiten: Wenn es nötig war, entsprechende Mitteilungen an die nächste Station zu schicken, die die Airline anfliegt. Oder z. B. Hilfe beim Umsteigen. Weiter gehört zu den Nacharbeiten, das Gepäck evtl. für einen Weiterflug zu kennzeichnen.

Also an besagtem 16.02.96, hatte die Airline durch die verspätete Ankunft der Maschine relativ große Verspätung beim Abflug – nach der Landung wird ja noch gereinigt, allgemein inspiziert und wieder aufgetankt –, und so musste ich, bis eben alle notwendigen Arbeiten nach dem Abflug erledigt waren, eine Stunde länger am Flughafen bleiben, eben bis die Airline Airborn ist, also abgehoben hat.

Alles war beim Abflug glattgelaufen und so bin dann wie immer, zwar gut zwei Stunden später als eigentlich – wie sollte ich auch wissen, was noch geschehen würde – in Richtung Heimat gefahren und ungefähr 10 Minuten vor Erding fuhr mir ein Porschefahrer frontal in meinen Mercedes.

Er kam aus der Kurve auf meine Seite und war wohl viel zu schnell unterwegs, was er natürlich dann nicht zugegeben hat, und konnte eben dadurch die Kurve wahrscheinlich nicht richtig einschätzen! Ein Fahranfänger war er nicht, er wollte lediglich seine Freundin vom Flughafen abholen, wie er dann ausgesagt hat.

Was als riesengroße Fügung anzusehen ist, war, man sagt jetzt aus Zufall, aber ich denke, ob das nicht von Gott gesteuert wurde, dass eben meine Kollegin, welche ich, als ich am Flughafen losgefahren bin, noch getroffen hatte, wenige Wagen hinter mir war und dann, als sie zu Hause angekommen war, gleich den Flughafen informierte, was geschehen war, und die Kollegen dort wiederum dann auch sofort bei meinen Eltern in Töging anriefen und ihnen von diesem schrecklichen Unglück berichteten. Was aber wesentlich wichtiger gewesen ist, war, dass – oh danke, lieber Gott – ein Krankenwagen direkt nach dem Unfall stehen blieb, der gerade jemanden nach Erding ins dortige Krankenhaus bringen musste, also sofort die definitiv richtigen Helfer mit dem richtigen Wissen und dem auch richtigen Material am Ort waren! Ich wurde also sofort, ohne lange auf das Eintreffen der Hilfe warten zu müssen, an der Unfallstelle versorgt und Sanitäter riefen natürlich auch sofort die Polizei an, welche nach Ankunft den Unfallort absperrten, um die nötigen Untersuchungen ebenfalls sofort durchführen zu können! Das heißt, ich wurde sofort, nach dem alle lebenserhaltenden Maßnahmen durchgeführt wurden, nach Erding ins Krankenhaus gefahren! Dort hat man auch gleich festgestellt, dass meine Verletzungen so schwer waren, dass ich so schnell es geht in eine Klinik mit entsprechendem Fachwissen und natürlich auch den richtigen Gerätschaften gebracht werden muss, denn in Erding stand die notwendige Ausrüstung leider nicht zur Verfügung!!! Also hat man mich in einen Hubschrauber gelegt und sofort nach München ins Krankenhaus Bogenhausen geflogen!!! Ein riesengroßes Glück, dass dies alles wirklich sehr schnell vonstatten ging und ich sofort an der richtigen Stelle lag! Ja, lieber Gott, vielen Dank!!!

Die Kollegen vom Flughafen haben dann sofort meinen Eltern zu Hause diese schreckliche Nachricht mitgeteilt und diese sind darauf sofort, nachdem sie auch meinen Bruder davon informiert hatten, natürlich absolut ahnungslos über meinen momentanen Zustand, zum Krankenhaus nach Erding gefahren. Dort hat man ihnen dann gesagt, dass die Verletzungen tatsächlich so stark seien, dass sie mich sofort mit dem Hubschrauber in das Krankenhaus Bogenhausen nach München fliegen mussten! Jetzt noch wesentlich mehr geschockt, haben also meine Eltern ihre Sinne noch einmal zusammengenommen und sind, so gut es dann eben noch ging, auf dem schnellsten Weg zum Krankenhaus Bogenhausen gefahren.

Dies ging alles Gott sei Dank so schnell, vom schweren Unfall über das Eintreffen der Rettungskräfte und der Polizei bis zu dem Anruf meiner Kollegin aus der Arbeit und wiederum dem Anruf der Arbeit bei mir zu Hause, dass meine Eltern fast gleichzeitig mit der Landung des Hubschraubers in München eingetroffen und dann natürlich sofort zu der Intensivstation gelaufen sind, zu der ich gerade geschoben wurde! Bis hierhin wussten meine Eltern lediglich, dass ich einen sehr schweren Unfall hatte und meine Verletzungen so stark seien, dass man im Krankenhaus Erding nicht die entsprechenden Untersuchungen und Behandlungen durchführen konnte, sondern ich auf dem schnellsten Weg zum Krankenhaus Bogenhausen geflogen werden musste! Bei der Intensivstation angekommen haben sie mich gerade vom Hubschrauber herein zu einem der Oberärzte geschoben, als meine Eltern gerade kamen bzw. schon da gewesen sind und nun warten mussten, bis die nötigen Anfangsuntersuchungen abgeschlossen waren und der Arzt sich ein genaueres Bild über meinen momentanen Zustand verschaffen konnte! Die Ärzte auf der Intensivstation in Bogenhausen erstellten erst einmal eine C/T, also eine Computertomographie, um zu sehen, was genau geschädigt war und wie schwer diese Schädigungen sind. Anhand des ermittelten Befundes wurde gleich mein Kopf auf- und der rechte Teil meiner Schädeldecke weggeschnitten, damit die Schwellungen im Gehirn nicht auf die lebenswichtigen Bereiche, die sehr viel steuern, drücken. Meinen Eltern wurde gesagt, sie müssten erst die Nacht über warten, um genau sehen zu können, was mein Gehirn macht bzw. wie sich der sog. Gehirndruck weiter entwickelt.. Meine Eltern wollten natürlich den Eingangsbereich zur Intensivstation, auf der ich lag und untersucht wurde, nicht verlassen, sondern warteten, um jede auch noch so kleine Änderung in meinem Zustand sofort zu erfahren. Es wurde ihnen aber gesagt, sie sollten das Krankenhaus verlassen, für mich wird das Bestmögliche getan und sie könnten am nächsten Tag in der Früh ab 7.00 Uhr sofort telefonisch meinen momentanen Zustand erfragen.

Am Abend des 16. Februar 1996 hatte ich mit meinen Freunden ausgemacht gehabt, dass wir uns bei mir treffen und dann zusammen zu einer nah gelegenen Veranstaltung gehen würden, es waren also meine Freunde bei mir an meinem Haus. Und wie's sein sollte, kam zur gleichen Zeit auch die Polizei bei mir zu Hause an, um meine Eltern über den Unfall zu informieren, und konnten es so lediglich meinen Freunden erzählen, denn meine Eltern waren ja schon auf dem Weg zum Krankenhaus! Meine Freunde sind dann auch gleich ins Krankenhaus Erding gefahren, um zu sehen, was denn nun wirklich geschehen war.

In Erding hat man ihnen erzählt, dass ich per Hubschrauber zum Krankenhaus Bogenhausen geflogen worden war, und so fuhren sie wiederum gleich dort hin. Zu sehen bekamen sie natürlich gar nichts, denn ich wurde sofort unter Beatmungsgeräten in der Intensivstation an einen ruhigen Platz geschoben!

Nach dem „Wiedererwachen" auf der Intensivstation, also 6 Wochen nach dem Unfall, ist bei erneuten Untersuchung festgestellt worden, dass ich einen sehr großen Gehirndruck hatte und so wurde dann am nächsten Morgen mein Kopf erneut aufgeschnitten und ein sog. künstlicher Deckel angepasst und mein Kopf wieder geschlossen.

So und nun fing die Zeit des Wartens an!!! Natürlich wurde ich unentwegt anhand der angeschlossenen Instrumente überwacht und auch die Ärzte und Schwestern sahen häufig nach meinem Befinden, nur diese Zeit war für meine Familie, besonders meine Eltern und da wiederum speziell für meine Mutter, eine absolut hypergrausame Zeit!!! Es konnte ja zu jeder Sekunde etwas absolut Schlimmes, Schreckliches geschehen, man wusste es eben einfach nicht!!!

Aber anwesend wollte man ja auch sein, es könnte ja auch etwas Positives geschehen und man wollte auch, oder gerade dann, sofort zur Stelle sein, auch um evtl. helfen oder jemanden beruhigen zu können! Nach sechs Wochen im Koma auf der Intensivstation, bei denen sich alles wie gewünscht entwickelte, natürlich auch oder fast vor allem durch den wahnsinnigen Einsatz meiner Familie/Eltern, besonders meiner Mutter, denn wenn man im Unterbewusstsein die Stimme seiner derzeit wichtigsten Personen wahrnimmt, bringt das eine gewisse innerliche Beruhigung und lässt das den Körper seine eben noch vorhandene Kraft für eine relativ schnelle Genesung einsetzen! Ja, ich habe meiner Mutter sehr viel zu verdanken!

Der Befund der Ärzte war ein Schädel-Hirn-Trauma 3. Grades, abgekürzt: SHT 3. Grades (*compressio cerebri* oder Gehirnquetschung): Bewusstlosigkeit länger als 30 Minuten, verursacht durch Einklemmung des Gehirns durch Blutungen, Ödeme oder ähnliche Vorgänge.

Geschehen aus der Sicht der Eltern

Bericht meiner Mutter:

Am Freitag, den 16. Februar 1996, warteten wir auf Alex. Ich hatte zum Abendessen Fleischpflanzerl gebraten – ein Lieblingsessen von Alex – und nun überlegten wir, wie lange wir wohl noch auf die Ankunft von unserem Sohn warten müssten.

Ich hoffte, nicht mehr allzu lange, da ich wusste, dass Alex wie meistens freitags mit seinen Freunden verabredet war. Während unserer Überlegungen klingelte das Telefon und eine Dame von Aerogate – Alex' Arbeitgeber – war dran und sagte uns, dass unser Sohn einen Unfall gehabt hat und in das Krankenhaus Erding eingeliefert worden ist. Wie waren natürlich sehr erschrocken und es war sofort klar, dass wir auf der Stelle nach Erding fahren mussten.

Wir beruhigten uns gegenseitig, dass es ja nicht so schlimm sein müsste. Doch ich spürte in meinem Innersten, dass etwas Fürchterliches passiert war, denn ich konnte währen der ganzen Fahrt nach Erding, ca. 1/¼ Stunden, nicht richtig atmen. Ich bekam einfach nicht richtig Luft. Als wir im Krankenhaus ankamen, sagte uns der diensthabende Arzt, dass Alex sehr, sehr schwer verletzt sei. Er liege im Koma und der Hubschrauber sei auch schon bestellt, der unseren Sohn nach München-Bogenhausen bringen sollte, denn nur dort seien sie auf so schwere Kopfverletzungen eingerichtet.

Der Arzt meinte auch noch, es bestünde nur noch eine geringe Hoffnung, dass Alex diese Nacht oder überhaupt diese schweren Einblutungen überleben würde.

All diese Worte des Arztes konnte ich nicht glauben und sagte mir: Nein, nein, er darf nicht sterben, das gibt es einfach nicht.

Eine sehr nette Krankenschwester führte mich dann zu Alex und er lag da, als ob er schliefe. Man sah von außen nichts an seinem Kopf. Ich streichelte meinen Sohn und sagte ihm: „Alles wird wieder gut!"

Dann führte mich die Krankenschwester wieder weg, denn gleich sollte ja der Hubschrauber unser Kind nach München fliegen.

Da wir im Hubschrauber nicht mitfliegen konnten, sind mein Mann und ich direkt nach München-Bogenhausen gefahren. Ich kann mich zwar nicht mehr daran erinnern, wann und wo wir unseren älteren Sohn Frank angerufen haben, um ihm Bescheid zu geben – denn ein Handy gab es 1996 für uns alle in der Familie noch nicht.

Als wir jedenfalls im Krankenhaus ankamen, war Frank auch schon da. Der Hubschrauber kam fast zeitgleich mit uns in München an. Alex wurde zur Intensivstation gebracht und nun mussten wir alle warten, was uns nach erneuter Untersuchung durch ein CT – Computer-Tomographie – gesagt würde.

Gott sei Dank war Frank jetzt da und er versuchte, uns zu beruhigen. Doch dann sagte der Arzt zu uns schonungslos, dass Alex so schwer verletzt sei, dass auch, wenn er die nächsten Tage überlebt, er nie mehr ganz gesund werden würde.

Ich hörte die Worte nur ganz fern und in meinem Kopf und Körper kam nur Ablehnung! Nein, dass durfte nicht sein. Alex darf nicht sterben.

Eigentlich gibt es für diese Empfindungen, die ich da erlebte, keine Worte. Alles, was der Arzt sagte, traf mich selbst so tief mitten in mein Herz, dass ich alles, was er sagte, innerlich ablehnte, weil ich es nicht aushalten konnte.

Ich durfte dann noch einmal zu Alex und musste mich von ihm verabschieden, denn wir durften nicht – obwohl ich so darum bat – bei ihm bleiben.

Der Arzt schickte uns nach Hause und sagte, falls etwas passieren würde, würden Sie sofort anrufen, und jetzt müssten wir einfach abwarten, wie diese Nacht verläuft.

Inzwischen waren auch die Freunde von Alex eingetroffen und alle waren erschüttert von dieser schrecklichen Nachricht.

Wie wir später erfuhren, kam die Polizei bei uns in Töging an, um uns den schrecklichen Unfall beizubringen, aber da waren wir bereits auf dem Weg nach Erding. Thomas – ein Freund von Alex – kam auch zum gleichen Zeitpunkt bei unserem Haus an, um Alex abzuholen, und da erklärten ihm die Polizisten, was passiert war und so fuhren alle Freunde auch gleich nach München.

Da wir also nicht bei Alex bleiben durften, sind Thomas – mein Mann – und ich schweren Herzens zurück nach Töging gefahren. Es war inzwischen so um Mitternacht oder später gewesen. Vor lauter Angst gingen wir nicht ins Bett, denn keiner von uns hätte schlafen können, aber wir legten uns beide so wie wir waren auf die Couch und versuchten uns Mut zu machen und beteten!

Am nächsten Morgen rief Thomas gleich im Krankenhaus an und man sagte, dass die Schwellung im Gehirn so groß sei, dass Alex in den nächsten Stunden operiert werden müsste.

Also sind wir natürlich gleich wieder nach München gefahren, um wenigstens in der Nähe von unserem Kind zu sein.

Nach der Operation war Alex in ein künstliches Koma versetzt worden und nun durften wir nur hoffen. Zu dieser Zeit hatten wir eine kleine Wohnung in München-Schwabing und so machten wir unser Haus in Töging dicht. Da wir eine Katze hatten, sagten wir auch den Nachbarn Bescheid und unsere Zugehfrau stellte jeden Tag Futter für die Katze in den Keller, denn die Katze hatte dort eine Katzenklappe und konnte so ein und aus.

Wie packten unsere Sachen am Samstag so ein, dass ich von jetzt ab jeden Tag, so lange es mir erlaubt war, bei Alex sein konnte.

Tatsächlich ist all dies wie ein schlimmer Traum und ich konnte es einfach nicht fassen, was da mit Alex passiert war.

Jeden Tag bin ich also ab Mittag bei Alex am Bett gesessen bis abends um 21.00 Uhr. Vorher bin ich oft in die Theatinerkirche am Odeonsplatz gegangen und habe gebetet, dass Gottes Hilfe und die Bemühungen der Ärzte und Schwester unseren Alex überleben lassen.

Nach dem „Aufwachen" begann dann die lange Zeit der Rehabilitation, in der ich auch, Gott sei Dank, die ganze Zeit bei Alex bleiben konnte. Kleine Kinder hatte ich nicht und auch Thomas ermöglichte es, dass ich bei unserem Sohn täglich mitarbeitete und ihn förderte.

Wie mir dann immer wieder, auch von den späteren Therapeuten, bestätigt wurde, war meine ständige Anwesenheit bei meinem Sohn wohl das Beste, was ich, wir für ihn tun konnten.

Was mir persönlich vor allem in den ersten Wochen

sehr geholfen hat, waren die Gespräche mit einer Ärztin – Frau Dr. Harlass –, die mich psychologisch betreute. Sie hat mir sehr oft aus meiner seelischen Auswegslosigkeit geholfen. Sie hat mich immer wieder ermutigt, stark und zuversichtlich zu sein.

Mein Sohn hatte ein schweres Schädel-Hirn-Trauma erlitten und ich ein seelisches Trauma.

Bei allen Rückschlägen bin ich zu Frau Dr. Harlass gegangen und sie hat mich mit viel Liebe und Sachverstand wieder aufgebaut. Dafür möchte ich ihr hier nochmals danken!

Denn mein Man und ich konnten uns nicht gegenseitig trösten, wir waren beide seelisch zu stark verletzt.

Die Angst und Sorge um Alex musste jeder von uns mit sich ausmachen und einen Weg finden, damit zurechtzukommen.

Das ist auch eine sehr große Belastung für die ganze Familie.

Jetzt beginnt die lange Zeit der Rehabilitation.

Bericht meines Vaters:

Der 16. Februar 1996 war der Tag, an dem ein schwerer Schicksalsschlag meine Familie traf.

Es war ein Freitagabend und ich wartete zusammen mit meiner Frau auf unseren Sohn Alex, damals 24 Jahre alt, der von seinem Job am Flughafen nach Hause kommen sollte.

Da erreichte uns der Anruf, der – im Nachhinein betrachtet – unserem Familienleben eine völlig neue, unerwartete, von dramatischen und verzweifelten Situationen geprägte Richtung gab.

Alex habe einen Autounfall gehabt, hieß es am Telefon, er liege im Krankenhaus Erding, einer Stadt in der Nähe des Flughafens. Wir waren natürlich schockiert, aber zunächst hatten wir ja keine Informationen über Art und Schwere seiner Verletzungen.

Wie dramatisch die Situation von Alex war, erfuhren meine Frau und ich erst, als wir nach einer mit großer Anspannung überstandenen Fahrt im Erdinger Krankenhaus ankamen.

Ich fuhr den Wagen, meine Frau wäre viel zu aufgeregt und abgelenkt gewesen. Mir war klar, dass ich kühlen Kopf bewahren und mich auf den Verkehr konzentrieren musste.

Welche Gedanken mir trotzdem durch den Kopf gingen, habe ich nur noch ungenau in Erinnerung.

Ich war damals 54 Jahre alt, hatte eine arbeitsintensive Position in einer Münchner Bank und versuchte, mich von spekulativen Überlegungen Alex' Verletzungen betreffend dadurch abzuhalten, indem ich über meine übliche Aktenarbeit am Wochenenden nachdachte, die für den kommenden Montag in der Bank erledigt werden musste.

Aber das half auch nicht viel. Alex war vor meinen Augen. Mein Gott, was kann schon passiert sein? Ein paar Blessuren, Prellungen, vielleicht ein Bruch – letztlich alles nicht der Rede wert, ein paar Tage im Krankenhaus und dann geht alles weiter wie gehabt.

Der Tiefschlag kam schnell, nüchtern und unerwartet hart, als wir in Erding dem aufnehmenden Arzt gegenüberstanden.

„Ihr Sohn ist schwer verletzt, er hat vor allem Kopfverletzungen und muss mit dem Hubschrauber zum Klinikum Bogenhausen nach München geflogen werden. Wir sind hier auf die Behandlung so schwerer

Kopfverletzungen nicht eingerichtet."

„Doktor, welche Chance hat er? Wie sieht es Ihrer Meinung nach aus?"

„Schlecht, wenn er die Nacht übersteht, könnte es vielleicht noch Hoffnung geben, tut mir leid!"

„Was ist mit dem Unfallgegner?"

„Der ist nur leicht verletzt."

Damit waren wir entlassen.

Ich weiß noch, dass mir schlecht wurde und ich zu weinen anfing. Aber ich musste mich fangen, meine Frau stützen, der Hubschrauber kam, wir konnten nicht mitfliegen, zu wenig Platz, also mit dem Wagen nach München.

Als wir ankamen, war der Hubschrauber schon da, wir suchten den Weg zum Operationsbereich. Eine Schwester sagte uns schließlich, dass Alex bereits operiert wird, und zeigte uns eine Bank, wo wir warten könnten.

Da saßen wir nun, meine Frau und ich, hielten uns bei den Händen und sprachen kein Wort. Was soll man denken, worauf sich konzentrieren? Mein Großvater fiel mir ein! Er hatte einen großen Obstgarten in Berlin-Mariendorf. In der Mitte stand ein alter Holzschuppen. In den zog sich mein Großvater zwei Tage zurück und weinte sich die Seele aus dem Leib, nachdem die Nachricht vom Tod seiner Söhne eingetroffen war: Erst der jüngste, gefallen 1940 mit 18 in Frankreich, dann der älteste, gefallen 1942 mit 24 in Russland, der mittlere, mein Vater, hat es mir erzählt.

Aber wir haben noch Hoffnung! Mein Großvater hatte keine mehr.

Alex ist doch stark, sportlich, war Gebirgsjäger – er musste es schaffen!

Ich bin ein gläubiger Mensch, ich wusste nicht, ob

mein bisheriges Tun gottgerecht sei, aber ich war sicher, dass einem alleinigen und allmächtigen Gott gegenüber keine andere Haltung möglich ist als „Dein Wille geschehe".

Die Tür zum Operationsbereich öffnete sich, ein Arzt, noch in seiner Operationskluft, kam heraus, mittelgroß, etwa 40 Jahre alt, markanter Kopf, klarer, fester Blick – meine sekundenschnelle Einschätzung: Ein Profi, Alex hat einen absoluten Profi-Operateur erwischt, einen Neurochirurgen erster Klasse, was für ein Glück im Unglück – ich wolle einfach, dass es so ist.

„Gerstner mein Name. Sind Sie die Eltern?"

„Ja." Er gab uns die Hand.

„Ich habe Ihren Sohn operiert. Er hat starke Einblutungen im Gehirn, außerdem hat er ein schweres Schädel-Hirn-Trauma erlitten und liegt im Koma. Das ist zunächst alles, was wir tun können und was ich Ihnen sagen kann."

„Herr Doktor, wie stehen die Chancen?"

„80 zu 20."

„20 überleben, 80 nicht."

„Ja, so sieht es im Augenblick aus."

„Nicht zu pessimistisch, Herr Doktor?"

Er sah unsere Verzweiflung an, aber was sollte er tun, oder sagen? Sein einziger Trost in meinen Augen war seine kühle, klare Professionalität, die er ausstrahlte.

„Nein, das ist meine ehrliche, gegenwärtige Einschätzung."

Wir standen wie angewurzelt vor ihm, zu keinem Wort mehr fähig.

„Sie können hier jetzt nichts mehr tun, am besten Sie fahren nach Hause und versuchen, etwas Ruhe zu finden, wir müssen den Morgen abwarten, dann sehen wir weiter."

Wie zogen ab und schlichen aus dem Krankenhaus. Es war inzwischen 23.00 Uhr geworden. Die Operation hatte fast drei Stunden gedauert.

Wir fuhren zu unserer kleinen Wohnung in Schwabing. Gott sei Dank war unser älterer Sohn Frank inzwischen bei uns. Er versorgte uns mit Beruhigungsmitteln und irgendwie überstanden wir diese Nacht.

Am nächsten Morgen, nach etwas Frühstück und viel Kaffee, fuhren wir wieder in die Klinik, machten uns auf den Weg zur Intensivstation, denn da musste Alex wohl sein.

Etwas später erschien Dr. Gerstner, an seinem Gesicht war nichts abzulesen, weder positiv noch negativ. Aber Alex habe die Nacht den Umständen entsprechend gut überstanden, man konnte ihn einigermaßen stabilisieren, er liege im Koma und werde künstlich beatmet und ernährt.

Der erste Schritt war also getan! Unser Junge ist am Leben!

Alle Mutlosigkeit fiel von uns ab, unsere Augen waren feucht vor Glück, jetzt muss es einfach weiter vorangehen.

Unserer Bitte, Alex sehen zu dürfen, wurde entsprochen. Nach notwendiger hygienischer Vorbereitung durften wir die Intensivstation betreten.

Da lag unser Alex! Sein Anblick gab uns einen Stich ins Herz.

Der Kopf kahl rasiert, eine große Operationsnarbe auf der rechten Seite, überall Kanüle und Schläuche, an die er angeschlossen war. Regungslos mit geschlossenen Augen lag er da, auf den verschiedenen Monitoren leuchteten grüne Punkte und rote Zahlen auf.

Die anwesende Schwester nickte uns aufmunternd zu. Meine Frau nahm seine Hand und strich ihm mit dem Zeigefinger sanft über die Wange.

Wir kamen uns ziemlich hilflos vor, aber die Schwester lächelte uns an und meinte, es sei soweit alles zufriedenstellend, die Monitore zeigten gute Werte.

Nach einer Stunde bat uns die Schwester zu gehen. Wie taten es, hoffnungsfroh und voller Zuversicht, wir wussten, ganz gleich was sein wird – Alex lebt, er wird bei uns bleiben, es darf keinen Rückschlag geben, ihm gehört unsere ganze Kraft, um ihm zu helfen, in eine für ihn lebenswerte Existenz zurückzufinden.

So vergingen die nächsten Tage und Wochen. Alex stabilisierte sich Schritt für Schritt, machte Fortschritte und wachte schließlich aus dem Koma auf.

Meistens war meine Frau alleine bei ihm, denn ich musste mich um verschiedene andere Dinge kümmern: Alex' Arbeitgeber am Flughafen musste unterrichtet werden ebenso wie die betroffenen Versicherungen, und auch die Hochschule in Landshut, an der er Betriebswirtschaft studierte, und natürlich seine Freunde, die wissen wollten, wann sie ihn besuchen könnten.

Schließlich bin ich auch zu der Abschleppfirma gefahren, die sich um die Wracks der beiden Wagen gekümmert hatte.

Von Alex' Diesel-Mercedes war noch die Rückseite erkennbar, der Porsche des Unfallgegners war nur noch ein rotes Blechknäul.

Nachtragen will ich noch, dass die auf Veranlassung der gegnerischen Versicherung vorgenommene eingehende technische Analyse des Unfallgeschehens ergab, dass man Alex auch nicht den Hauch einer Mitschuld am Unfallhergang zuweisen konnte. Er hatte einfach keine Chance gehabt!

Unser prächtiger Sohn war inzwischen soweit, dass mit einer gezielten Rehabilitation begonnen werden konnte, deren erste Station Burgau war.

Kapitel 2 – Rehabilitation in Burgau

Um meine weitere Rehabilitation zu fördern, wurde ich zu der Station der Frührehabilitation von April bis Mai nach Burgau überstellt! Dort ging es mit der Betreuung durch dafür ausgebildeten Personen weiter.

Ich hatte ja immer noch ein Ventil, eine sogenannte Beatmungskanüle, die man mir in Bogenhausen nach der großen Kopfoperation eingesetzt hatte, um für mögliche Notfälle sofort Luft in meine Lungen leiten zu können! Zum Glück – danke lieber Gott – war dafür nie ein Anlass gegeben! Und genau diese Kanüle wurde in Burgau entfernt, worauf ich dann sehr langsam wieder beginnen konnte, gewisse Worte zu formen und mich nach und nach dem normalen Sprechen annäherte. Angefangen mit gewohnten und früher sehr häufig gebrauchten Worten, wie Mama und mein Bruder Frank. Zu meinem Vater sagte ich anfänglich immer Daddy und wenn er gekommen ist, habe ich sehr freudig gerufen: „Da kommt mein Daddy!" Es war für alle Anwesenden, die Familie und Ärzte sehr komisch, warum ich englisch geredet und sogar auf Fragen in Englisch geantwortet habe. Der Grund wahr wohl, dass ich kurz davor eine Englischklausur im Studium geschrieben hatte, ich bei meiner Arbeit am Flughafen einige Ansagen auf Englisch gehalten habe und gerade mit der Maschine, die ich abfertigte, eigentlich nur englisch gesprochen wurde und zu guter Letzt auch noch die Kollegin, die mit mir damals zusammen den Flughafen verlassen hat, eine Irin gewesen ist und ich mit ihr somit auch nur englisch gesprochen hatte. Das heißt, die letzten Sätze vor meinem Unfall wurden in Englisch gesprochen und so ist es bei mir eben im Kopf geblieben.

Auch als ich dann am Wochenende nach Hause fahren durfte und meine Freunde gekommen sind, um mich wieder einmal zu sehen und eben wie früher auch über viele Dinge zu reden, hatte ich leider immer noch mein Englisch im Kopf und habe auch bei ihnen zumindest so geantwortet. Ein Freund sagte damals sogar auf bayerisch, was wir immer redeten: „Mei Alex 'etz red deitsch, sonst versteh' 'ma Di ned"! Und die Ärzte im Krankenhaus meinten zum Trost, es sei eher gut, dass ich englisch und nicht russisch reden würde.

Erst wenn man mich aufforderte doch wieder normale Sätze in Deutsch zu reden, konnte ich mühelos das Gleiche in Deutsch wiedergeben. Den Kopf wieder befreit von dem damals Erlebten zu bekommen, um wieder ganz normal deutsch zu reden, dauerte leider ein paar Wochen. Dann wollte man in Burgau durch eine weitere Therapie meinem Gedächtnis bezüglich der Wortfindung wieder auf die Sprünge helfen und zeigte mir Memorykarten und ich sollte sagen, was ich auf den Bildern sah! Bei einer Karte wusste ich auch nicht genau, was ich dort gesehen bzw. erkannt hatte und bezeichnete dieses Objekt dann einfach als „Zesel", denn ich war mir nicht zu 100 % sicher, wie ich das gezeigte Zebra benennen sollte. War es also ein Esel oder doch ein Zebra? So gab es zum Glück auch immer wieder einmal heitere Momente, wie mir meine Eltern berichteten. Einmal schoben sie mich im Rollstuhl durch die Gartenanlage und, am Zaun angelangt, sah meine Mutter gegenüber auf dem Gelände einen Hahn mit einer Schar Hühner. Meine Mutter fragte mich, ob ich wisse, wie dieses Tier heißt, und deutete auf den Hahn. Ich sagte: „Ja, der heißt Georg." Ein andermal setzte sich mein Vater in den Rollstuhl und ich sollte ihn schieben. Was tat ich? Ich schob ihn in ein Blumenbeet und kippte in darin aus. Auch wenn mein Vater mich jeden Tag anrief und mich fragte, wie es mir geht und wie das Wetter ist, sagte ich einmal einfach, es sei ziemlich „blauhimmlig". Oder mein Vater fragte was es denn zum Frühstück gegeben hatte und ich meinte: „Rührei mit Eidechsen und Tomaten." Oft hatte ich einfach irgendwelche Worte benutzt, „nur" um sehr schnell antworten zu können. Auch sollte ich meine Beine wieder nutzen können und so fing ich mit langsamen Geh- und Stehübungen an! Was ich allerdings als absolut negativ anmerken muss ist, dass ich Situationen gegenübergestellt wurde, bei denen selbst ein „normaler" Patient nicht herausbekam, was Sinn oder Ziel einer solchen Beschäftigung sein sollte! Ich meine, was soll man machen, wenn einem ein kleines Häufchen Mehl und Salz auf einem Tisch vorgesetzt wird?! Tja, den eigentlichen Grund weiß ich leider immer noch nicht, es war jedoch nicht im Sinne des Aufgabenstellers, dass ein Patient mit meinen Verletzungen und in meinem momentanen Zustand damit beginnt, die zwei kleinen Häufchen zu vermischen!? Was also war das eigentliche Ziel, was sollte erkannt oder besser von mir gelernt oder wieder aufgefrischt werden??? Ich weiß es immer noch nicht! Die Frage ist, ob sie es selber wussten, oder ob nicht nur Zeit damit gefüllt werden sollte???

Auch was ich zusätzlich hier anmerken kann, möchte und muss, ist, dass die Hilfe der Familie und in meinem Fall besonders die Hilfe und das fast ständige Anwesendsein meiner Mutter einem einen gewissen Grad an persönlicher Sicherheit gibt und man so seinen Geist besser und mehr für die eigene Regeneration einsetzen kann.

Zusätzlich sollte man als Patient noch das Gefühl haben können, dass sich auch die Belegschaft bzw. die eingesetzten Ärzte sehr gut mit der privaten, heimischen Betreuungsperson verstehen und so bestimmte Fragen von beiden Parteien besprochen und gelöst werden können!

Das gibt den behandelnden Ärzten sowie dem Patienten einen immer größer werdenden Wunsch, die momentane Situation ins Positive zu kehren! Was z. B. durch eine selber erlebte Aktion von den dort arbeitenden Krankenschwestern doch eher ins Negative geführt wurde. Denn ich wollte mich selber rasieren und habe dann versucht, eine große Portion Rasierschaum aus der Dose, nach dem ich sie geschüttelt hatte, mir anstatt ins Gesicht auf die Barthaare in den Mund zu „streichen", denn ich dachte wohl damals, ich hätte Sahne in der Hand!

Und anstatt mich daran zu hindern und es mir zu erklären, haben sie sehr laut und fast vulgär über mich gelacht und dann zu meiner Mutter, welche zum Glück im fast gleichen Moment auch zu mir gekommen ist, gemeint, dass ich so wenigstens lernen würde, was man mit Rasierschaum machen sollte!!!

Ich möchte hier auch nicht mehr schreiben, denn jeder kann sich nun seine eigenen Gedanken darüber machen!

Aber die Arbeit der Ärzte hatte doch eine wesentlich größere Auswirkung auf mein jeweiliges Empfinden und ganz besonders kam ein erneut äußerst positives Gefühl bei mir auf, als ich mit meinem Bruder vor einem Klavier, das er gesehen hatte, gesessen bin und wir wie früher wieder einmal vierhändig spielen wollten.

Jedoch saß ich vor der Tastatur, habe sehr traurig geschaut und wusste nicht mehr, wie man angenehme Klänge durch die entsprechende Arbeit der Finger erzeugen kann. Und das, obwohl wir, mein Bruder und ich, uns doch sonst zu zweit immer etwas der „Improvisation" hingaben.

Einen weiteren Punkt, den ich anführen kann, ist, da ich ja Ostern auch noch in Burgau verweilen musste, dass ich, wenn ich Ostereier hängen sah, sehr schnell mit meinem Rollstuhl dorthin fuhr und die Eier mit der Hand zerdrückte und mich wie ein kleines Kind über diese „Schandtat" freute!

Außerdem hatte ich in Burgau, da ich nur unweit von dem Fahrstuhl mein Zimmer hatte, des Öfteren den Lift geholt, bin hineingerollt und habe ganz schnell alle Knöpfe gedrückt. Was ein weiterer Punkt und auch der letzte in meiner Aufzählung ist.

Meine Eltern hatten sich ein Zimmer ganz in meiner Nähe gemietet, sodass immer einer von beiden bei mir sein konnte, um mir zu helfen, mit mir zu sprechen, mich zu fördern und zu unterhalten, so gut es ging.

Lieber Leser, falls Sie jemanden in Ihrem Umfeld oder Bekanntschaft haben, der ebenfalls ein Betroffener ist, kann ich Ihnen sagen, dass diese „Verwirrtheit" immer wieder einmal aufgetreten ist, bis ich definitiv durch die in meinem Gehirn vorhandene „Nebelwand" getreten bin. Nur kann das Monate dauern und man sollte die Hoffnung und die persönliche Stärke nie verlieren.

Wieder in Bogenhausen

Nach zum Glück „nur" drei Monaten in Burgau kam ich wieder ins Krankenhaus Bogenhausen für weitere Reha-Maßnahmen. Es ging dort also wieder weiter mit Untersuchungen.

Jedoch hatte ich in Bogenhausen sehr oft wahnsinnig starke Kopfschmerzen, worauf sich keiner einen Reim machen konnte, wie diese entstehen konnten, und nachdem ein Arzt entdeckte, dass man dem Kopf eine weitere Möglichkeit zur Regeneration geben könnte, was dann auch ein Beenden der Kopfschmerzen zur Folge hatte, wurde mir ein sogenanntes „shunt" – also ein Ventil – einoperiert.

Danach konnte recht bald eine wesentliche Verbesserung meines Allgemeinzustandes gesehen werden! Ja, was solche „kleinen" Implantate alles in so kurzer Zeit positiv ausrichten können?! Langsam wurden mir solche wichtigen Dinge wie allein das Gehen und sogar das Sprechen wieder gezeigt! Natürlich ging das nun noch schneller, da im sog. Altwissen die jeweiligen Körperbewegungen, sogar auch die vom Sprachapparat, zwar noch vorhanden, aber eben – alle – nicht sofort verfügbar waren! Auch die weitere Zeit im Krankenhaus verlief sehr positiv und so konnte ich nach einem halben Jahr stationär nun doch auf eine Entlassung hoffen! Ist ja auch irgendwo klar, denn solange ich stationär behandelt werde, sind das laufende Kosten, die die Versicherung des Unfallschuldigen tragen muss und das wollen die meisten Versicherungen eben nicht!

Eine weitere große Erleichterung für mich kam, nachdem mir eine mciner Betreuungspersonen aus dem Krankenhaus mitteilte, dass meine Regeneration so gut verlaufen würde, dass sie sich sogar nun trauen würden, mich zusammen mit einer Person aus der Fahrschule fahren zu lassen, damit diese dann beurteilen könnte oder sollte, inwieweit ich wiederum für das Führen eines Fahrzeugs fähig wäre und somit meine Fahrberechtigung erneut – ohne direkte Prüfung, lediglich durch eine Fahrt mit einem Fahrlehrer – bekomme! Selbst wieder ein Fahrzeug lenken zu dürfen ist auch schon ein erster Schritt in ein erneut, zumindest einigermaßen freies Leben!

Was natürlich gerade zu dem damaligen Zeitpunkt für meine Eltern, besonders für meine Mutter wahnsinnig schwer zu verstehen war, denn genau das Autofahren war doch der Grund, warum ich nun so wahnsinnig schwer verletzt hier im Krankenhaus lag! Dieses Autofahren ist doch tatsächlich mit großen Risiken verbunden. Was nun natürlich nicht an dem Auto im Allgemeinen liegt, sondern eben ausschließlich an denjenigen, die es steuern, also fahren. Ein Auto ist auch hier nur ein ausführendes Objekt, gesteuert von einem – doch hoffentlich – denkenden Menschen! Aber um hier nicht weiter in die Psychologie von Autofahrern zu geraten, überlasse ich es jedem selber, darüber nachzudenken und zu entscheiden, wie er dazu steht. Und man kommt ja bekanntlich auch langsamer, aber dafür sicher für sich und andere ans Ziel.

Erstes Praktikum

Es ging sogar noch ein Stück weiter mit meinen Fortschritten, denn nach einigen Gesprächen meiner Eltern, besonders meiner Mutter mit den sog. Entscheidungsträgern im Krankenhaus wurde nach einem Praktikumsplatz Ausschau gehalten, bei dem ich mich langsam an das normale Leben wieder gewöhnen könnte! Ja, so etwas hätte ich mir doch nie vorstellen können, dass ein junger Mann mit Freundin, der sehr sportlich ist und auch im Studium gute Leistungen erzielt, nun tatsächlich nach einer Möglichkeit sucht, suchen muss, seine Denk- und Lernfähigkeit wenigstens etwas darzustellen und auch wieder in einer gewissen Art zu perfektionieren. Auch war damals mein Ärger und auch Hass tatsächlich so groß, das ich zu Hause ein paar Mal vor Wut ganz einfach wahnsinnig laut und wütend zu schreien begann und mit meiner Faust gegen verschiedene Ding schlug. Mein Ärger musste eben irgendwie abgebaut werden.

Auch wenn es natürlich nicht zu dem Gewollten führte, war es zumindest für mich eine gewisse Genugtuung, und vielleicht hat sich der Ärger dann wirklich etwas zurückgezogen, wer weiß? Denn nach solchen relativ plötzlichen Aktionen hatte ich irgendwie ein besseres Gefühl in mir, denn so etwas war wohl Ausdruck dafür, dass man selber nicht wusste, was die Zukunft für einen parat hielt, und das nach einem geraden, von einem selber vorgezeichneten Weg in die Zukunft. Nach solchen Attacken war natürlich das eigentliche Problem überhaupt nicht gelöst, sondern es wurde noch ein Praktikumsplatz gesucht. Aber so ein Praktikumsplatz sollte natürlich auch nicht allzu weit vom Krankenhaus entfernt sein, denn es wurden oder sollten immer noch weitere Untersuchungen, bzw. Gespräche geführt werden! Tja und so ein wirklich riesen Glück – oder war es Vorsehung – hatte ich dann auch damit, dass mein Vater noch in der HypoVereinsbank in einer hohen Position arbeitcte und die Bank auch noch auf direktem Weg zum Krankenhaus lag und ich somit dort mein Praktikum beginnen konnte, was auch nur am Vormittag und da auch erst ab 10 Uhr beginnen sollte! Ich konnte also weiterhin relativ lange schlafen, denn der Weg mit den öffentlichen Verkehrsmitteln war auch nicht zu lang, was für eine zusätzliche Unterstützung auf dem Weg zu einer besseren Rehabilitation sorgte und so konnte ich mich also langsam wieder daran gewöhnen, dass man erst einen gewissen Weg zurücklegen muss, bevor man am Arbeitsplatz ist. Und nun fing ich also dort an, gewisse von verschiedenen Bankfilialen gewünschte Unterlagen aus großen Aktenschränken herauszusuchen und für den Versand bereitzulegen. Und nach dem Mittagessen in der Bank fuhr ich dann mit dem Bus, der ja direkt vor der Bank abfuhr, wieder auf direktem Weg ins Krankenhaus.

Nach wenigen Wochen haben dann auch die Ärzte und Therapeuten gemerkt, dass ich mich noch einen weiteren Schritt Richtung Genesung bewegt hatte, und haben so auch für meine Entlassung plädiert, jedoch auch meinen Eltern gesagt, dass eine weitere berufliche Eingliederungsmaßnahme von großem Vorteil wäre! Ab August 1996 durfte ich dann schon an den Wochenenden nach Hause fahren, auch um eine endgültige Entlassung aus dem Krankenhaus etwas vorzubereiten, damit man weiß, auf was man aufpassen oder noch für einen selber besorgen sollte?! Für mich selber war es natürlich etwas äußerst Angenehmes, wieder weg, raus aus dem Krankenhaus und eben in der seit Jahren gewohnten Umgebung sein zu können. Doch für mich war es wohl normal, da mir wahrscheinlich die sog. Krankheitseinsicht gefehlt hatte und ich nun wieder weitgehend „normal" ganz einfach zu Hause war!!! Punkt! Was ich in dieser ganzen Zeit durchmachen musste, wurde verdrängt, an das dachte ich auch nicht mehr, wahrscheinlich auch deswegen, weil ich es eben nicht so richtig mitbekommen hatte, mein Gehirn war eben wohl noch in einigen Dingen ein bisschen „hinterher"?!

Natürlich sahen es meine Eltern wesentlich besser, die ja wirklich alles mitbekommen hatten und dazu auch die ganzen Gespräche mit den Ärzten. Ja, nahe Angehörige und da gerade die Eltern, in meinem Fall ganz besonders meine Mutter, haben eben einfach doch mehr Wissen in Bereichen, auf die ein Verletzter reagieren würde, und können es dann so beeinflussen, dass die Reaktion auch die Gewünschte wird! Da war wohl der Unterschied in den jeweiligen Vorgehensweisen zu suchen und auch zu finden. Und für mich war diese „Heimkehr" so, als ob ich von einem langen Urlaub zurückgekommen wäre – ich hatte keine Schmerzen und was mir alles versagt bleiben würde und was ich auch gar nicht weitermachen konnte, wusste ich zu diesem Zeitpunkt ja noch nicht!

Es waren andere Dinge wesentlich wichtiger, wie z. B. mein Studium, aus dem ich damals herausgerissen worden war. Und das nach einer so positiv für mich verlaufenden Zeit und auch mit Vorstellungen über eine Zukunft, in der ich, zumindest in meinen Vorstellungen, in einer weisenden Position selbstständig oder in einer großen Unternehmung arbeiten würde! Ja, man malt sich die Zukunft für einen selber immer sehr schön aus, denn man sollte auch alle Dinge, auf die man jetzt verzichten bzw. die hinten anstehen mussten, verwirklichen, also erleben oder ganz einfach leben! Aber zu diesem Zeitpunkt sah das Meiste noch ziemlich dunkel aus und ganz hinten, im hintersten Hintergrund konnte ich einen ganz leichten Beginn einer Erhellung erkennen! Nur war der Weg noch sehr lang und schwer, zu diesem Punkt zu gelangen, aber man hat ja auch den Willen, das Vorgestellte zu erreichen, zu verwirklichen und so habe ich weiter versucht, das damals Möglichste aus mir herauszuholen!

Die Tagklinik

Es war jetzt ein halbes Jahr nach meinem Unfall vergangen, es war also August 1996 und ich wurde aus der stationären Behandlung entlassen und die Behandlungen der sog. Tagklinik – Tagklinik bedeutet, den Patienten nach stationärer Behandlung eine Zeit lang tagsüber weiter zu betreuen und ggf. zu beschäftigen, damit man fähig wird, in der Zeit nach dem Krankenhausaufenthalt selbstständig zurechtzukommen – sollten im Oktober weitergehen!

In dieser besagten Tagklinik wurde natürlich weiter versucht, mein Gehirn wieder dazu zu bringen, selbstständiges Denken noch etwas besser, als es auch ohne diverse Hilfestellungen geworden ist, zu regenerieren! Ich sollte verschiedene Geschichten, die mir vorgelesen wurden, nacherzählen, mir bestimmte Begriffe merken oder durch „Wortfindung" versuchen herauszubekommen, was gesucht wurde. Außerdem wurden mir Bilder gezeigt und ich sollte mit eigenen Worten beschreiben, was ich sah. Ja, mit solchen Vorgehensweisen wurde also tatsächlich versucht, mich so weit es ging zu meinem „alten" Stand in Sachen Geistesleistung zurückzuführen!

In diesen zwei Monaten ist dann immer eine junge Studentin, die Lehramt studierte, zu mir gekommen und wir haben dann zusammen hin und wieder einmal etwas Rechnen und vor allem allgemeine Tätigkeiten, wie z. B. Einkaufen geübt! Ja, ich weiß, das hört sich eigentlich lächerlich an, einem jungen Mann im Alter von 25 Jahren zu zeigen, wie man eigentlich einkauft, aber so lassen sich eben auch Schlüsse über meinen damaligen Zustand ziehen!

Und schließlich sollten dabei auch das logische Denken sowie der Umgang mit Geld wieder auf ein relativ altes Maß zurückgebracht werden.

Auch dachten wir, da ja noch einiges in München zu leisten wäre, gerade in Sachen Krankenhaus, ich außerdem sehr gerne in München gewesen bin, dass ich doch einfach eine Wohnung in München nehmen sollte! Und wie's dann so kommen soll, haben wir eine Wohnung, die auch nur fünf Minuten Fußweg entfernt zum Krankenhaus gelegen war, gefunden! Ja, man konnte nur sehr schwer glauben, welch positive Geschehnisse nun alle stattgefunden haben.

Die Wohnung hatte mir zwar nicht absolut 100%ig gefallen, aber sie war eben zweckbestimmt gewählt, und jetzt selber in einer mehr oder weniger eigenen Wohnung zu wohnen, hat auch sehr viele positive Seiten. Ich konnte nun sehr schnell zu Fuß zum Krankenhaus gehen und lernte auch wieder besser, selber für mich zu sorgen! Also Einkaufen gehen, Wäsche waschen und so weiter!

Na ja, und außerdem konnte ich nun hier auch noch junge Frauen empfangen! Das kam zwar nicht allzu häufig vor, aber das ein oder andere Mal eben schon! Und so etwas gehört eben auch zu einem eigenständigen Leben dazu und genau das sollte ich doch nun versuchen zu leben.

Was ich natürlich auch sehr gerne tat, wenn ich überlege bzw. daran denke, was mit mir damals alles gemacht wurde, um mich nun wieder so „herzustellen", dass ich ein relativ normales Leben führen kann, ist es doch wirklich schon fast unglaublich, wie man einen schwerstverletzten jungen Menschen wieder, anfänglich zumindest einigermaßen, – auch wenn es sich sehr hochtrabend anhört – alleine lebensfähig macht! Na ja, ich musste zwar alle meine sehr positiven Zukunftspläne – damals dachte ich noch kurzfristig – ad acta legen, denn aus meinem Berufswunsch, als „selbstständiger Steuerberater" zu arbeiten, wurde erst einmal eine ganze Zeit lang wohl nichts!

Ich hatte eben noch nicht die nötige „Krankheitseinsicht", warum auch, denn als krank habe ich mich doch damals eigentlich nie gesehen oder gefühlt! Und erst mit der Zeit habe ich mir denken können, was unter „Krankheitseinsicht" in meinem Fall zu verstehen war!

Obwohl ich jedoch auch denke, dass man bessere Leistungen in der ganzen Zeit der Rekonvaleszenz erzielt, wenn man an sich glaubt und auch noch Ziele hat, die man erreichen möchte, als ob so ein Unfall eben nicht stattgefunden hätte! Man sollte versuchen, dass man Menschen findet, evtl. die eigene Bekanntschaft, Familie, die einem helfen, den eigenen Weg zumindest anfangen zu gehen. Denn all die Erfahrungen, die man in dieser Zeit erwirbt, helfen einem, einen bessern Blick für die folgende Zeit zu bekommen!

Ich hatte mich dann nach einigen Tagen an das Leben außerhalb des Krankenhauses gewöhnt und es lief auch ohne Probleme, weder von meiner Seite noch von Anmerkungen meiner Eltern, des Krankenhauses oder sonst wem!

Ich fuhr jedoch an den Wochenenden meistens wieder nach Hause und so hatte ich wirklich das absolute Glück – ich nehme an, der liebe Gott hat auf mich aufgepasst –, denn an einem Tag am Wochenende, als ich eben zum Glück heimgefahren war, hat doch tatsächlich ein Mitbewohner, er wohnte im zweiten Stock in meinem Hochhaus, sich und seine gesamte Wohnung in die Luft gesprengt!

Die Folgen waren fürchterlich: Obwohl Polizei und

Feuerwehr alarmiert wurden und schnell zur Stelle waren, verloren vier junge Bewohner des Hauses ihr Leben. Wie ich hörte, hatten sie versucht, sich aus den oberen Stockwerken über das Treppenhaus zu retten. Aber die Rauchentwicklung soll so stark gewesen sein, dass sie die Orientierung verloren und an den giftigen Rauchgasen starben. Eine junge Frau, die unter den Toten war, wohnte in meinem Stockwerk mir gegenüber! Wer weiß, wie ich mich verhalten hätte!?

Das war dann für mich der Wink mit dem Zaunpfahl und sofort ich habe mich nach einer anderen Wohnung umgesehen!

Und wie das Leben will, hatte ich auch hier wieder großes „Glück", denn in fast der gleichen Straße wurde eine Wohnung in einem wirklich absolut gepflegten Haus frei! Hier war alles gepflegt, sauber und absolut ruhig. Sehr gute, saubere Luft kam in die Wohnung, wenn ich das Fenster oder die Balkontür aufmachte, denn vor mir lag der große Park von Bogenhausen! Hier fühlte man sich dann auch wieder richtig wohl und frei.

Auch verging die Zeit zu Hause natürlich rasend schnell, denn am Freitag heim und am Sonntag wieder zurück ließ nicht viel Zeit für eine – sozusagen – erneute Eingewöhnung, auch wenn es das schon so viele Jahre Gewohnte gewesen ist! Aber eben jetzt natürlich mit einem anderen Hintergrund!

Auch das mit meinen Freunden war nicht mehr das Gleiche wie „früher"! Ja, ich denke ich bin wohl ein kleines bisschen anders geworden, habe eben andere Dinge durchleben müssen und meine Zukunft sah nun auch absolut anders aus als früher – eben vor dem Unfall! Was jedoch äußerst angenehm gewesen war, ist, dass nach der Suche einer Betreuungsperson meine Mutter eine junge Frau, die ungefähr fünf Minuten entfernt von meinem Wohnsitz auf dem Land wohnt, gefunden hatte. Die neben ihrem Pädagogikstudium sehr gerne zu uns kam, gegen eine sehr kleine finanzielle Entschädigung, auch um auf mich etwas „aufzupassen" und mich zu beschäftigen! Das war für mich selber äußerst angenehm, denn sie war nur wenig jünger als ich selber und hatte damit auch die selben Vorstellungen, wie man seine Zeit am kurzweiligsten verbringen kann, war eben außerdem ungefähr so wie ich sehr sportlich, was sich ebenfalls wieder sehr positiv auswirken sollte! Neben sportlichen Dingen, wie z. B. mit dem Fahrrad nach Mühldorf – sind ungefähr 5 km – zu fahren, hat sie mir auch wieder den Umgang mit Zahlen und Worten gezeigt. Wir haben also zusammen gerechnet und etwas geschrieben bzw. ich habe etwas vorgelesen.

Aber neben den eben sehr angenehmen sportlichen Aktivitäten haben wir außerdem auch sehr viel Erneuerung verschiedener Wissensgebiete in einer Art schulischer „Kenntniserneuerung" betrieben, was für meine Betreuerin auch ihren zukünftigen beruflichen Vorstellung sehr entsprach, denn es heißt ja auch „learning by doing"!!!

So hatte ich, als Beispiel, durch Erzählung und Anregungen von ihr Golf zu spielen begonnen. Auch für Golf braucht man einen aktiven Kopf und das war gerade nach meinen Kopfverletzungen sehr wichtig, den Kopf wieder ein wenig zu beanspruchen, und Sport haben wir beide sowieso sehr gerne gehabt. Was sprach also dagegen, selber einmal einen Golfkurs zu belegen und somit nach einer Prüfung die „Platzreife" – also auf allen Golfplätzen spielen zu dürfen – zu erhalten?! Und da ich mich mit meiner Betreuerin gut verstanden habe, war das ein zusätzlicher Anreiz für mich, in Sachen Golf etwas fitter zu werden! Also fuhr ich in unregelmäßigen Abständen zu unserem Golfcourt, der auch in relativer Nähe war, und bekam dort dann meine Golfstunden. Was mir auch immer wieder sehr viel Freude und Spaß brachte, nämlich draußen an der frischen Luft Sport zu treiben, und ich mich mit dem Golftrainer, der aus Schottland kam, recht gut verstanden hatte.

Nur hat man dann auch gleich gesehen, dass das Golfen wirklich viel Zeit und auch Ausdauer in Anspruch nimmt, denn um alle 18 Löcher an einem Tag gehen zu können, braucht es wirklich absolut viel Zeit! Gerade für mich, da ich ja noch überhaupt nicht sehr sicher spielen konnte und so eben immer sehr lange brauchte, bis der Golfball an der richtigen Stelle zum Versenken lag!

Aber auch die geistige Seite wurde nicht vernachlässigt und da meine damalige Betreuerin ja Pädagogik studiert hatte und Lehrerin werden wollte, war das eine gute Übung, mir verschiedene Inhalte verständlich, also eben einfach und nachvollziehbar zu vermitteln! Ja und so wurden u. a. meine mathematischen, geografischen und auch linguistischen Kenntnisse wieder aus ihrem momentanen Schlaf geweckt! Was aber alles insgesamt als sehr hilfreich anzuschen ist, denn durch die Freude an sportlichen Tätigkeiten war ich auch motiviert, mich den geistigen Ansprüchen zu stellen und das „Nichtmehr-Gewusste" aufzufrischen! So wurden immerhin zwei Monate, also September und Oktober, sehr sinnvoll für meine geistige Rehabilitation genutzt, denn körperlich war ich zu diesem Zeitpunkt wieder vollends belastbar.

Und so kam es, dass ich nach meiner Entlassung aus dem Krankenhaus Bogenhausen mir in Waldkraiburg, also absolut nahe bei meinem Wohnort, im Berufsförderungszentrum Peters einige Stunden erst einmal angesehen habe. Da ich ja immer noch nicht Auto fahren durfte – und das, obwohl der Unfall ja zweifellos nicht durch einen Fahrfehler meinerseits verursacht worden war –, wurde ich von einem Taxiunternehmen, das in meiner Stadt seinen Sitz hatte, unter der Woche, eben die Tage, an denen ich dort war, von zu Hause abgeholt, zu dem Förderungszentrum gefahren und auch danach wieder nach Hause.

Was ich jedoch sofort bemerkte, war, dass dort sicher guter Unterricht gehalten wurde, aber die gesamte Einrichtung inkl. Lehrer und Schüler absolut überhaupt nicht dem entsprach, was ich mir für meinen weiteren Bildungs- und Lebensweg vorgestellt hatte und somit hat meine Anwesenheit bei Peters in Waldkraiburg auch nur wirklich wenige Wochen gedauert!

Es hat also auch die Idee, im Berufsförderungszentrum Peters in Waldkraiburg etwas Positives für meine Zukunft zu erreichen, definitiv überhaupt nichts gebracht, ich hatte nicht einmal neue Freunde kennengelernt, wollte ich zwar auch gar nicht, da mir die Art der Schüler, die dort anwesend waren, überhaupt nicht entsprach.

Es musste eine neue Möglichkeit gesucht werden, meinen Denkapparat positiv anzuregen, um ihn zumindest sehr nah an meine früheren geistigen Fähigkeiten zu bringen. Da meine Eltern den Bürgermeister von Töging recht gut kennen, hatten sie einmal mit ihm über mein Problem geredet und er meinte, wir sollten doch einfach einmal im Landratsamt in Altötting – 15 Minuten von Töging entfernt – nachfragen, ob dort eine Möglichkeit der Mitarbeit bestehen würde! Und meine Mutter hatte sich auch sehr bald dort gemeldet und erneut meinen Fall geschildert, da meinte man, dass das Landratsamt sowieso Menschen mit gewissen Problemen aufnehmen sollte, um 1. die soziale Ader des Landratsamtes zu verdeutlichen und sicher auch 2. sehr günstige, evtl. vorübergehende, Mitarbeiter zur Verfügung zu bekommen, denn der Stundenlohn war wirklich absolut gering! So wurde ich dann in der Führerscheinstelle im Landratsamt Altötting zur sog. Arbeitserprobung genommen! Na ja, und da ich eben immer noch nicht Auto fahren konnte bzw. durfte, musste mich auch hier mein schon gewohnter und erprobter Taxifahrer hinbringen und wieder abholen! Und auch hier war meine Arbeitszeit lediglich am Vormittag und so konnte ich am Nachmittag meinem privaten Vergnügen nachgehen! Und wie man es sich denken kann, war bei einer Beschäftigung nur am Vormittag kein wahnsinnig großer Lerneffekt spürbar, sondern ich habe mich an lediglich fünf Stunden interessiertes Mitarbeiten gewöhnt!

Außerdem hatte ich ja immer noch in meinem Kopf, das Studium wieder aufzunehmen!!! Und da ich mich sehr gut wiederhergestellt fühlte, war es ab diesem Zeitpunkt für mich klar, jetzt wieder den Weg gehen zu können, den ich mir doch schon so lange vorgestellt und auch schon angefangen hatte zu gehen!!!

Ja, nur war es nicht direkt der gleiche Weg, den ich mir vorgestellt hatte, denn nun musste ich auch noch andere Dinge meistern, bevor ich zumindest die Richtung zu dem – von mir damals als richtig erachteten – Weg wieder einschlagen konnte! Ich bin mir auch fast sicher, dass ich damals die nötige Krankheitseinsicht nicht hatte, sondern mich wieder als voll hergestellt gefühlt hatte und so dann auch meinen Vorstellungen freien Lauf ließ! Gerade was Ausbildung und spätere

Tätigkeiten betraf.

So, ab November '96 ging es dann im Krankenhaus Bogenhausen in der so genannten Tagklinik weiter, nur war ich jetzt nicht mehr stationär, sondern bin jeden Tag öffentlich mit dem Bus zum Krankenhaus gefahren. Was Tagklinik bedeutet, habe ich ja auch schon beschrieben, also dass man 1. nur untertags dort anwesend ist und 2. speziell die geistigen Fähigkeiten des jeweiligen wieder erneut geschult werden.

Es wurde zu Beginn versucht, durch verschiedene Gespräche herauszufinden, an welchem Punkt und in welcher Art man mit der gesamten Verbesserung der momentan sehr großen geistigen Schwäche beginnen sollte! Das Gedächtnis-Training hat mit einfachen Nacherzählungen und Beschreibung von Bildern, die man gerade gesehen hat, begonnen. Bei dieser „Bildbeschreibung" wurde auch eine gewisse „Wortfindung" trainiert, denn man musste bzw. sollte ja selber überlegen, wie man das Gesehene am besten einem Fremden beschreiben kann und dieser dann auch mehr oder weniger das gleiche Bild, wie man selber, vor Augen hat!

Auch sollte ich meine Merkfähigkeit trainieren und sollte mir aus Erzählungen bestimmte Wörter oder Wortpaare merken und diese nach konzentrierter Verfolgung des ganzen Textes aufschreiben und die gehörte Geschichte mit eigenen, aber passenden Worten nacherzählen. Kognitives Denken war gefragt! Kognition (lat. cognoscere: „erkennen") ist die von einem verhaltenssteuernden Subsystem (bei höher entwickelten Lebewesen das Gehirn) zur Verhaltenssteuerung ausgeführte Informationsumgestaltung. Oder es wurde mir ein Bild gezeigt und ich sollte – auch hier natürlich möglichst genau – erzählen, was auf dem Bild zu sehen ist. Was wiederum einer gewissen Wortfindung und Ausdrucksfähigkeit diente.

Da jedoch auch meine fast gesamte linke Seite, ich sagte damals kaputt, aber eben gelähmt gewesen ist, wurden neben Schwimmen auch bestimmtes Muskel- und Bewegungstrainings und die dazugehörigen Gleichgewichtsübungen gemacht und somit auch meine Feinmotorik geschult, evtl. auch, damit ich wieder, wie vor meinem Unfall, recht gut Klavier spielen kann. Was auch nicht fehlen durfte, war die so genannte Ergotherapie, das heißt, durch Verbesserung, Wiederherstellung oder Kompensation der beeinträchtigten Fähigkeiten und Funktionen eine möglichst große Selbstständigkeit und Handlungsfreiheit im Alltag wieder zu ermöglichen und so ein Optimum an Rehabilitation zu erreichen. Ja, ich kann sagen, es wurde während meines Aufenthaltes im Krankenhaus Bogenhausen und besonders während des Trainings in der Tagklinik doch schon einiges von meinem verbliebenen Wissen wieder aufgeweckt und in die richtigen Bahnen gelenkt!

Wenn natürlich nicht alles so gelenkt wurde – was nach einem Schädel-Hirn-Trauma 3. Grades ja auch fast aussichtslos ist –, dann wurde zumindest doch so viel Altwissen aktiviert, dass ich das Krankenhaus verlassen und langsam, nach immerhin 6 Monaten stationär im Krankenhaus, nun ein eigenständiges Leben aufbauen konnte! God thank's!!!!!!!

Fortsetzung des Studiums

Als weiterer Tätigkeitsvorschlag konnte ich zunächst im Landratsamt Altötting bei der Verkehrs- und Zulassungsabteilung beginnen, meine Zeit und meine Arbeitskraft dort relativ positiv einzusetzen. Musste jedoch immer hingefahren und wieder abgeholt werden, da ich immer noch keine Fahrerlaubnis besaß! Diese wurde mir aufgrund meiner Verletzungen, ich denke, damit ich nicht selber – ungewollt – einen Unfall herbeiführe, noch immer nicht wieder erteilt. Denn dafür musste ich eine erneute Fahrprüfung ablegen! Es ist mir also ein Fremder in mein Auto gerast, ich war hyperschwer verletzt, mit mehreren Wochen im Koma und durfte nun selber nicht mehr Auto fahren!

Aber die Arbeit in der Zulassungsstelle am Landratsamt verlief recht gut, ich kam auch erst am Vormittag und konnte auch schon, wenn die Kollegen zu Mittag gingen, wieder heimfahren! Es waren also lediglich vier Stunden pro Tag, an denen ich nicht zu Hause sein konnte! Ja, auch das lässt auf die Schwere des Unfalls gewisse Rückschlüsse bezüglich meiner davongetragenen Verletzungen zu.

Da ich die Tätigkeiten ohne große Hilfestellung, lediglich nach einem kurzen Einarbeiten, erledigen konnte, wuchs natürlich mein Wunsch, das Studium wieder weiterzuführen.

Und da sogar ein Mitarbeiter vom Landratsamt sagte, dass ich allein aufgrund meiner Arbeit bei ihnen nach seiner Meinung durchaus für ein erneutes Weiterführen meines Studium geeignet wäre, bin ich nach Landshut gefahren und habe mich nun erneut eingeschrieben, also die Fortsetzung meines Studiums begonnen. Wie war es schön, wieder auf das altvertraute Gelände gehen zu können, wieder zu wissen, an welchen Stellen wichtige Informationen stehen, wieder einmal in einer Mensa essen zu können und allgemein dem ganz normalen Studienbetrieb beizuwohnen!!!

Und das nach den Verletzungen, mit denen ich und

mein Kopf erst einmal zurechtkommen mussten. In meiner ersten Vorlesung ging ich also auch absolut unauffällig auf meinen Platz, habe mit meinen Kommilitonen geredet und fühlte mich nun wieder meinem eigentlichen Wunsch erneut etwas näher gekommen zu sein! Da ich vor meinem Unfall immer mit dem Auto gefahren bin und mich da auch mit anderen Kommilitonen abwechseln konnte, also Fahrgemeinschaften gebildet hatte, was aber nun nicht mehr ging, musste ich mich erst einmal um eine Unterbringung im Studentenwohnheim bemühen! Bin also ins Studentensekretariat und nach meiner Frage nach einem Zimmer wurde mir ein Schlüssel übergeben, der zu dem entsprechenden Zimmer passte und konnte nun ins Studentenwohnheim einziehen!

Nachdem ich mich eingerichtet hatte, habe ich die weiteren Räume erkundet und was ich recht schnell festgestellt hatte, war, dass hier die Küche der allgemeine Treffpunkt war, wo man sich natürlich am einfachsten sehen und reden konnte, denn während des Kochens und auch Essens ist man doch eigentlich gerne mit Unterhaltung versorgt! Und natürlich konnte man hier auch Fragen stellen und zu Diskussionen anregen!

So, nun hatte ich also ein angenehmes Zimmer bei meiner Hochschule, nette Mitbewohner im Studentenheim, musste nicht mit dem Auto fahren, es war also alles so, wie es sein sollte und ich mir vorgestellt hatte, um einen guten Abschluss zu erreichen, was ja schon seit Jahren ein sehr großer Wunsch von mir gewesen ist! Die mehr oder weniger besten Voraussetzungen waren gegeben, meinen so lange gehegten Wunsch nun endlich zu erfüllen, nur an was ich nicht dachte und wahrscheinlich auch nicht daran denken konnte oder ziemlich sicher auch nicht denken mochte, war, dass ich eben doch eine absolut große Hirnschädigung hinter mir hatte und mir so vieles nicht mehr so leicht fallen würde, wie vor dem Unfall!

Gerade die Schnelligkeit im Kopf, die man braucht, um das von den Professoren Erzählte richtig zu verstehen und es sich auch zu merken, bereitete mir doch einige Schwierigkeiten. Zwar dachte ich immer, ich könnte die Vorlesung mit dem, was ich mitgeschrieben hatte, noch einmal auf meinem Zimmer im Studentenwohnheim durchgehen bzw. wiederholen und es würde dann die Erkenntnis kommen, warum eben manches so läuft, wie es gelehrt wurde, aber da denke ich nun, also im Nachhinein, dass ich es wahrscheinlich tatsächlich zu diesem Zeitpunkt richtig interpretieren konnte, nur hat sich das dann wohl im Laufe der Zeit leider, leider etwas verflüssigt und so fehlte dann das nötige Wissen bei den entsprechenden Klausuren. Ja, meine Merkfähigkeit war definitiv so schlecht, dass das Studium wohl zu einem erheblichen Teil darauf ausgerichtet war, wieder als „normal" zu gelten und auf die immer noch in mir ruhenden Überlegungen und Hoffnungen, das Studium nun endlich positiv abschließen zu können. Was mich jedoch auch deswegen immer wieder positiv bei der Sache hielt, war, da ich ja wirklich auch einige Klausuren geschafft hatte, wie auch eine nicht ganz so einfache wie Kosten-Leistungsrechnen oder einfach KLR! Es hat evtl. auch deswegen geklappt, da ich KLR auch schon vor meinem Unfall gehört habe, das Altwissen mich also unterstützte, und weil ich sehr viele Bücher, geschrieben von dem gleichen Professor, daheim hatte und deswegen wohl auch sehr oft gelesen hatte?! Aber wer weiß, was der eigentliche Grund war …??? Ich wollte aber nicht kleinbeigeben und habe also noch mehr gelernt und was ich hier noch als positiv anmerken muss, ist, dass mein Kopf in dieser Zeit eben immer wieder trainiert wurde und sich somit seine grauen Zellen auch immer wieder erneut auf etwas Neues einstellen und damit auch umgehen mussten! Also auch ein kleines Kopftraining! Es machte nun wirklich wieder Freude, an der Hochschule studieren zu können, und ich habe ja auch tatsächlich Prüfungen positiv abgeschlossen!

Tja, wer hätte nach meinen wahnsinnig schweren Verletzungen gedacht, dass ich doch tatsächlich wieder Prüfungen wie alle anderen, die eben keinen solchen Unfall mit einem Schädel-Hirn-Trauma 3. Grades hatten, auch schaffen könnte?

Auch im Studentenwohnheim fühlte ich mich recht wohl. Man war ja nie alleine und hatte ja auch immer jemanden, mit dem man etwas unternehmen konnte! In der Gemeinschaftsküche lernte ich auch alle kennen, eben auch diejenigen, die nicht meinen Studiengang belegten, wie z. B. Elektrotechnik-Studenten und dann auch welche, die Sozialpädagogik studierten! Und wie es in diesem Bereich wohl fast normal ist, waren dies junge Frauen!

Wir haben also in unserer Küche viel Spaß gemacht und natürlich somit auch gehabt und dann hat sich doch glatt bei einem Gespräch mit einer Sozialpädagogikstudentin herausgestellt, dass sie nur lächerliche zehn Minuten entfernt von meinem Zuhause wohnt.

Und das heißt natürlich dann auch, dass mein Interesse an dieser jungen Frau immer größer wurde und wir doch tatsächlich in Landshut zu einem Paar geworden sind! Sie war also dann an vorlesungsfreien Tagen oft bei mir oder ich habe sie abgeholt und wir sind in ein nettes Lokal gefahren, haben aber die meiste Zeit zusammen in Landshut verbracht. Nur musste ich aufpassen, dass ich meinen eigentlichen Wunsch, nämlich der positive Abschluss meines Studiums, nicht aus den Augen verliere und bin deswegen dann eben sehr oft nach den Vorlesungen nicht zurück in mein Zimmer im Studentenheim, sondern einfach in die Bibliothek, um zu lernen! Dort konnte man sich natürlich auch immer die entsprechende Literatur zu dem jeweiligen Thema besorgen und ich hatte so den Eindruck, immer auf dem Laufenden zu sein, und konnte mich gut vorbereiten! Hin und wieder konnte man auch mit einem Kommilitonen über etwas aus der Vorlesung diskutieren und hat somit auch wieder die Verankerung des Gelernten im Gehirn besser gefördert! Ganz besonders habe ich mich auf Marketing konzentriert, denn es machte mir irgendwie Spaß, war auch interessant und so dachte ich, auch hier eine relativ gute Note erreichen zu können! Man sagt zwar sehr oft, 4 gewinnt, weil man eben mit einer Note 4 nichts wiederholen muss und somit weiterkommt, jedoch gilt das nur für die ersten Semester, denn da es sehr viele BWL-Abgänger gibt, möchte man sich natürlich doch mit seinem eigenen guten Notendurchschnitt von dem Rest abheben und sollte so auch auf sehr gute Zensuren bei der Notenvergabe bedacht sein! Aber jetzt war ich noch nicht in einem Abschlusssemester und deswegen galt für mich immer noch: 4 gewinnt!

Aber natürlich darf ich nicht außer Acht lassen, dass ich auch einige Klausuren vor meinem Unfall geschafft hatte, also eigentlich alle, die man vor dem Praktikumssemester geschrieben und auch geschafft haben sollte, und ganz besonders stolz konnte ich auch sein, gleich einmal das absolute Durchfallerfach Statistik eben noch vor meinem Unfall geschrieben und auch aufs erste Mal geschafft zu haben.

Und so vergingen die Tage mit Lernen und zusammen in der Gemeinschaftsküche Essen und abends etwas spielen für mich damals sehr angenehm! Mein eigentlicher Wunsch, in die Zukunft gedacht, nach einer entsprechenden Ausbildung war erfüllt. Für meinen beruflichen Werdegang wurden also die Grundsteine gelegt und so konnte ich mich nun auch etwas privateren Dingen widmen.

Und erneut hat mich meine Vergangenheit wieder etwas eingeholt, denn jetzt war ich ja wieder dabei, meinen großen Wunsch nach einem abgeschlossenen Studium in dem Bereich, der mich interessierte und wo sehr gute Beschäftigungsmöglichkeiten lagen, zu realisieren und nun hatte ich eine Freundin, also war eigentlich fast alles wieder so wie vor meinem Unfall! Dachte ich jedenfalls zu dem damaligen Zeitpunkt und in meinem damaligen Zustand. Und dass dies nun doch nicht so nach meinen damaligen Vorstellungen laufen sollte, musste ich leider erst etwas später merken.

Ich schaffte einige Prüfungen, mein Selbstwertgefühl wuchs, jedoch eine Prüfung, nämlich Marketing, habe ich nicht positiv abgeschlossen. Tja, das war nun für mich tatsächlich das erste Mal, dass ich doch eine Prüfung nachholen musste. Und da ich zum Glück nicht der Einzige war, der die Prüfung zu einem positiven Studienende wiederholen sollte, war ich wenigstens getröstet und dachte mir, da ich ja nun einige Prüfungen nicht mehr zu schreiben hatte, habe ich nun mehr Zeit, mich genau auf Marketing zu konzentrieren, um die erneute Prüfung dann definitiv zu schaffen. Ja, ich hatte auch mit Kommilitonen aus den höheren Semestern gelernt, die Marketing bei dem gleichen Professor schon geschrieben hatten, mit der Hoffnung, sie könnten mir dann eben entsprechend zeigen, auf welchen Bereich besonderer Wert gelegt wird. Think positive, dachte ich dann immer! Ja, und so vergingen die Wochen mit Lernen, Freundin, Spaß in der Gemeinschaftsküche, und recht schnell fühlte ich mich eigentlich schon gut vorbereitet und nun war der Prüfungstermin da! Am Abend vor der Prüfung habe ich mir dann die Unterlagen noch einmal angesehen, zwar nun etwas abgeklärter, denn man hatte ja schon alles gelernt, wollte sich aber dennoch noch einmal vergewissern, ob auch tatsächlich das Gelernte absolut sitzen würde!

Obwohl man sagt, dass man eigentlich am Abend vor den Prüfungen sich nichts mehr ansehen sollte, um sich zum Schluss nicht auch noch zu verwirren, hatte ich aber trotzdem das Gefühl, dann besser schlafen zu können, wenn ich mit der Gewissheit, ich kann den Stoff jetzt wirklich, ins Bett gehe, und habe mir also noch einmal meine Unterlagen im Bett angesehen!

Aber natürlich habe ich mir nicht nur meine Studienunterlagen im Bett angesehen, ich hatte ja schließlich auch eine Freundin in meinem Nachbarzimmer. Aber man darf nicht nur auf ein Fach lernen, wenn man das Semester schaffen möchte – was ich natürlich wohl absolut vorhatte –, sondern es waren noch weitere Fächer, wie z. B. Finanzierung und Investitionswirtschaft, Buchführung und Bilanzierung und Wirtschaftsprivatrecht, auf die man sich vorbereiten muss, und da musste ich mich dann schon fragen, ob ich das meinem Kopf auch tatsächlich zutrauen könnte, sich das alles und auch noch genau zu dem jeweiligen Fachbereich zu merken?!

Aber da der Spaß am Studium eben noch immer gegeben war, dachte ich in dieser Richtung nicht mehr weiter, sondern setzte mich eben wieder hin und lernte den Stoff, besonders den der letzten Vorlesungen!

Was man hier aber auch positiv anmerken muss, ist, dass ich auch in den so genannten Lernpausen öfters in die Gemeinschaftsküche ging und mich mit den dort beschäftigten, also ich meine den gerade essen zubereitenden Kommilitonen nett unterhalten und mit ihnen Spaß machen und auch selber haben konnte. Ja die Zeit im Studentenwohnheim war wirklich sehr angenehm und noch dazu, da ja, wie schon geschrieben, meine Freundin ebenfalls mit dazugehörte!

So, nun war Tag X gekommen und siegessicher ging ich von meinem Studentenwohnheimzimmer nach einem kurzen Frühstück los zur Hochschule! Ging dann auch gleich in den entsprechenden Raum, setzte mich auf meinen vorher gezogenen Sitzplatz und wartete auf die Verteilung der Prüfungsblätter. Das ging auch alles schon recht geübt und daher schnell vonstatten. Ich habe die ersten Fragen erst einmal nur überflogen und dachte mir, dass ich da durchaus schon einige der gestellten Fragen – hoffentlich – richtig beantworten kann! O. k., bei der ein, oder anderen Frage habe ich zwar auch gesehen, dass ich dieses Thema etwas intensiver hätte bearbeiten können, jedoch auch gedacht, dass der Aufwand eigentlich für das Schaffen schon gereicht hatte!

Hm, offensichtlich war meine Voraussage wohl doch etwas zu übereilt und entsprach hier doch nicht so ganz der Tatsache? Na ja, what shell's, ich schrieb munter weiter, eigentlich immer noch mit dem Gefühl, hier das Richtige zu beantworten, und fragte mich insgeheim, ob es mir bei der ersten Prüfung auch so gegangen war?!

Na hoffentlich nicht, denn diesmal wollte, musste ich es ja schaffen! Auch war es komisch, dass nach einer relativen Zeit einige Kommilitonen aufgestanden sind und ihre Prüfung abgegeben hatten! Und da fragt man sich ja gleich, warum, was war der Grund?

Waren sie so schlau und haben alles in kurzer Zeit richtig beantworten können oder hatten sie gar so wenig gelernt, dass eine vollständige und auch richtige Beantwortung der Fragen ohnehin nicht möglich gewesen wäre?! Tja, man macht sich eben so seine Gedanken und versucht dann sofort wieder zurück zu dem momentan Wesentlichen zu finden und weiterzuschreiben. Aber natürlich darf das „sich Gedanken machen" nicht zu ausgeprägt sein bzw. zu lange anhalten, damit man den, blöd gesagt, eventuell gewinnbringenden Gedankengang wieder aufgreifen und vielleicht sogar etwas weiter spinnen kann!

Auch sollte oder darf man natürlich nicht von dem eigentlich Gefragtem zu weit abweichen, damit die dann abgegebene Erklärung auch der Frage entspricht, die gestellt war! Ja, einige solcher Gedanken gingen mir durch den Kopf, jedoch war die eigentliche und vor allem wesentliche Konzentration selbstverständlich auf die Prüfungsfragen gerichtet! Fragen wie z.B.: Die Marktforschung gliedert sich in zwei Teilbereiche. Nennen und erläutern Sie kurz diese beiden Teilbereiche! Oder auch Fragen wie: Bei der Analyse der (potenziellen) Kunden spielt die Bildung von Zielgruppen eine wichtige Rolle. Was versteht man unter einer Zielgruppe? Nach welchen Kriterien könnten bei Kunden aus dem Investitionsgüterbereich Zielgruppen gebildet werden? Nennen Sie drei Kriterien!

Ja, man sieht, man musste sich schon gut konzentrieren können, das richtige Wissen haben und auch über den jeweiligen Zugriff verfügen! Tja und das alles nun mir, nach meinem Unfall, bei dem doch mein Kopf das meiste mitmachen musste und dieser wohl auch jetzt noch nicht ganz auf dem Stand seiner damaligen Leistungsfähigkeit ist! Aber da mein immer noch ungebrochener Glaube an eine weitere und evtl. auch noch intensivere Genesung nicht nachließ, versuchte ich auch in solchen Situationen die Ruhe, die ich schon immer hatte, zu bewahren und eben das meines Erachtens Richtige zu schreiben! Denn es hat ja auch in einigen Prüfungen davor funktioniert, hatte sie also geschafft, besonders möchte ich hier Statistik erwähnen, da dieses Fach bei sehr vielen teilweise auch das Scheitern des gesamten Studiengangs bedeutete und warum sollte also ausgerechnet jetzt meine Vorgehensweise nicht das bringen, was ich mir, wie eben auch schon recht oft davor, vorgestellt hatte??? Ein weiterer positiver Punkt war natürlich auch, dass mich das Fach – Marketing – wirklich interessierte und ich mir sehr gut vorstellen konnte, später einmal in diesem Bereich zu arbeiten?!

Ich wollte zwar eigentlich schon ganz lange selbstständiger Steuerberater werden, aber auch dafür musste, sollte man sich und somit auch die eigene Kanzlei eben gut vermarkten können! Ja, die Arbeit mit Menschen hat mir schon immer viel Freude bereitet, deswegen wohl auch mein Spaß mit der Arbeit am Flughafen und ich wünschte mir auch, beruflich diese Art von Arbeit beibehalten zu können! Aber da ja solche Gedankengänge wohl eher nicht der Realität entsprechen, musste ich mich nun eben wieder auf das Gefragte konzentrieren um die Fragen – meines Erachtens richtig – zu beantworten!

Dass ich das Studium wieder aufgenommen hatte, war eigentlich eine richtige Entscheidung, ob es auch der richtige Zeitpunkt gewesen ist, wusste ich eben damals noch nicht, denn nach dem Wissen, was ich nun habe, würde ich sagen, dass es wohl doch etwas zu früh gewesen ist und ich mir selber noch mehr Zeit geben und auch noch für andere Tätigkeiten hätte geben müssen! Aber damals war eben mein Wunsch, wieder in das „alte Fahrwasser" zu gelangen, evtl. zu groß und so habe ich dann eben auch Rückschläge, mit denen ich ja niemals gerechnet hätte, irgendwie einkalkuliert! Und es machte ja auch wieder Spaß, zu den verschiedenen Vorlesungen zu gehen, mit interessanten Menschen zusammen sein zu können, auch Interessantes, Wissenswertes zu hören und das natürlich vor allem in den Vorlesungen! Man sieht hier, wie viele verschiedene Gedanken durch meinen Kopf gingen und das Ergebnis der Prüfung dadurch nicht an Wert gewonnen haben kann!!! Aber da ja der gesamte Eindruck, also was man zu jedem einzelnen Punkt geschrieben hatte, zählt, dachte ich eben immer noch an ein positives Ergebnis bei der Bewertung, oder ich glaubte an ein positives Ergebnis zu glauben und eine mögliche tatsächliche Wahrheit blieb solange für mich dahinter versteckt.

Als ich abgegeben hatte, war ich eigentlich der festen Überzeugung, es dieses Mal geschafft zu haben, und bin also siegessicher wieder zurück ins Studentenwohnheim!

Dort habe ich alles für meine Heimfahrt zusammengepackt, denn nach den Prüfungen war das Semesterende und die Semesterferien haben sich somit daran angeschlossen! Daheim habe ich, als mich meine Mutter nach meinem Gefühl gefragt hatte, gesagt, dass ich schon einiges geschrieben habe, aber eben nicht genau weiß, ob es auch als richtige Antwort auf die Frage gelten würde und ich somit doch eher mit dem Gefühl des „Nicht-geschafft-Habens" zurück, also heimgefahren bin! Auch denke ich, man sollte doch lieber in einer etwas negativen Stimmung sein, denn dann wäre man umso glücklicher und erleichterter, wenn man es dann eben doch geschafft hat, was ich ja eigentlich geglaubt hatte!

Auch wurden natürlich noch andere Prüfungen geschrieben, wie zum Beispiel Kosten-Leistungs-Rechnung, also KLR, und Personalmanagement! KLR hatte ich auch anhand des Buches, was auch von dem Professor geschrieben wurde, und anderen Unterlagen sowie mit einigen Kommilitonen teilweise von einem vorherigen Semester gelernt und viele Übungen gerechnet. Auch hier fühlte ich mich einigermaßen gut vorbereitet und bin erneut siegessicher zur Prüfung gegangen! Tja, und wieder war mein Gefühl, nachdem ich die Prüfung geschrieben hatte, eher negativ, als dass ich mir sicher war, dieses Fach abhaken zu können.

Und das, obwohl ich auch hier sehr viel Zeit zum Lernen aufgewendet hatte und eben so mit anderen Kommilitonen das Fach – meines Erachtens – gut gelernt hatte. Aber natürlich setzt man sich auch hier seine eigenen Schwerpunkte, besonders auf das, was der Professor als sehr prüfungsrelevant angegeben hatte, und so fühlte ich mich doch einigermaßen gut vorbereitet! Auch zur 3. Prüfung, nämlich Personalmanagement, die ich geschrieben hatte, ging ich voller Elan und erlebte doch dann auch tatsächlich das „alte Gefühl" wieder, nach dem ich meinen Kopf wirklich beanspruchte, was ich vor meinem Unfall bei langer Konzentration erleben durfte! Es war ein irgendwie angenehmes Gefühl, denn man merkte ja, dass es dadurch entstand, dass der Kopf wirklich angestrengt wurde und auch ein positives Ergebnis dabei herauskam! Nein, es ist wirklich eine sehr angenehme Anspannung. Ich hatte wieder fast alle Fragen beantwortet und nachdem wir uns dann alle nach der Abgabe vor dem Lehrsaal unterhalten hatten, habe ich durchaus feststellen können, dass ich auch einige, sogar richtige Antworten geschrieben hatte! So, nun wieder zurück ins Studentenwohnheim, wo ich dann auch meine Freundin getroffen habe und ihr natürlich gleich erleichtert von meiner – meines Erachtens – positiven Prüfung erzählt hatte! Da kurz vor dem Semesterende meist Prüfungen geschrieben werden, hatte natürlich auch sie einiges zu berichten und wir haben dann frohen Mutes unsere Sachen zusammengepackt und uns auf den Weg nach Hause gemacht!

Aber davor hatten wir natürlich noch ausgemacht, wann und wo wir uns wieder sehen werden und was wir machen könnten! Also war auch auf der persönlichen Ebene vieles, zwar nicht alles, aber eben vieles zu seinem Ursprung zurückgekehrt! Ja, so etwas motiviert einen auch wieder, sogar in zwei Beziehungen. Denn erstens hatte man ja, für einen persönlich, recht gute Klausuren geschrieben und außerdem hatte man ja nun auch noch eine Freundin! An so etwas hatte ich schon sehr lange nicht mehr denken können. Also fast beruflichen Erfolg und auch noch zusammen mit der Befriedigung der persönlichen Wünsche und Vorstellungen konnte es doch eigentlich gar nichts Besseres geben!?

Sollte ich tatsächlich erst eine so lange Durststrecke durchleben müssen, bevor mich der Herr wieder meinen Blick auf das Angenehme und Schöne lenken lässt??? Aber o. k., ich musste mich ja schon mit so vielen Dingen abfinden, warum also nicht auch mit der Ungewissheit, ob die Prüfungen nun mit Erfolg geschrieben worden sind?! Jetzt mussten die Professoren alle recht fleißig sein, da ja die Semesterferien vor der Tür standen und man vorher noch wissen sollte, ob man diese Ferien erneut zum Lernen nutzen musste oder seinen privaten Ideen folgen konnte. Da ich ja durchaus davon ausgegangen bin, die Prüfungen geschafft zu haben – think positive –, habe ich nun einiges mit meiner Freundin, die ja nur lächerliche zehn Minuten entfernt wohnte, gemacht und wir haben auch natürlich die Abende zusammen verbracht! Da diese Semesterferien in den Sommermonaten sind, konnte man natürlich noch mehr unternehmen, da das Wetter ja auch immer sehr angenehm ist! Fast immer zumindest und man dann doch sehr gerne in die verschiedenen Lokale geht, um entweder ein Eis zu essen oder eben ganz einfach draußen zu sein und evtl. ein kleines alkoholfreies Bier zu genießen!!! Ja, ich habe früher vor meinem Unfall auch sehr gerne Bier getrunken und relativ oft, dann mit den Freunden, auch zu viel! Man merkt es ja selber nicht, denn man ist in einer immer besser werdenden Stimmung, nur wie es die anderen um einen herum sehen und evtl. auch durch gewisse Redewendungen spüren, bleibt einem verborgen, denn so weit möchte, kann oder will man auch gar nicht sehen, um das eigene „Fehlverhalten" zu erkennen!!! Ja, es ist sehr traurig, dass sich dadurch so viele bzw. zu viele Menschen vieles verbauen, was sie ohne diese Sucht relativ leicht erreicht hätten und so die ganzen positiven Ausgangspunkte, im wahrsten Sinne des Wortes, ertrunken, eben abgesoffen sind! Da ich sogar in der eigenen Familie damit in Berührung kam, wurde meine negative Einstellung zu Alkohol noch weiter verfestigt!

Ich trinke durchaus auch ganz gerne einmal ein Bierchen, nur muss es eben an den richtigen Orten, zur richtigen Zeit und mit den richtigen Leuten geschehen und eben nicht ganz einfach dann, wenn man will!!!

Auch wenn ich die Zeilen hier so schreibe, denke ich wieder an das nächste Oktoberfest in München, bei dem ich ganz, ganz sicher anwesend sein und auch sehr sicher eine oder auch zwei Maß trinken werde! Ja, ich freue mich darauf! Aber eben erst, wenn die „Wies'n" begonnen hat, oder sonst, wenn ich nicht selber mit dem Auto unterwegs bin, oder bei einem netten Treffen!

Bei der Notenbekanntgabe in der Hochschule Landshut sind natürlich alle ganz neugierig an dem Brett beim Sekretariat gestanden und haben die Noten, neben Namen und „Matrikelnummer", gesucht und natürlich auch gefunden! Ganz nervös wagte man den Blick zu der Aufstellung der Noten und mit einem ebenso nervösem Suchen fand man sich dann und las die Note. Anhand der nun folgenden unterschiedlichen Mimik von jedem Einzelnen konnte man auch sofort erkennen, ob das Resultat positiv oder eben bei manchen doch eher schlecht ausgefallen ist! Mache der negativ Benoteten konnten oder wollten es natürlich auch gar nicht glauben und sahen deswegen wirklich auch viele Male das Ergebnis an, um dann notgedrungen doch die bittere Pille schlucken zu müssen und sich mit gesengtem Haupt gen Ausgang zu bewegen!

Ja, da war einiges los, Freudensprünge und ein sehr erleichtert, frohes Gesicht bei Kommilitonen, die eine Prüfung geschafft hatten, und im Gegensatz traurige, ärgerliche und auch wütende Gesichter bei denjenigen, die es noch einmal schreiben mussten oder auch das Studium nun als beendet galt! Tja, it's a really hard life!!!

So, nun fand ich auch meinen Namen, schaute rüber zu der Notenaufstellung und sah gleich mit großer Freude, dass ich doch tatsächlich Kosten-Leistungs-Rechnen, also KLR geschafft hatte und als ich auch noch gesehen hatte, dass ich doch tatsächlich auch Personalmanagement bestanden hatte, sind meine Mundwinkel immer weiter nach oben gewandert und meine Freude konnte ich nur recht schwer verbergen! Warum auch, schließlich hatte ich doch zwei Prüfungen und besonders KLR, was als sehr anspruchsvoll galt, geschafft!!! Aber nun ging mein Blick weiter, denn ich wollte ja schließlich auch das Ergebnis meiner 3. geschriebenen Prüfung erfahren und da kam dann die Ernüchterung! Jetzt war's geschehen, Marketing, meine 3. geschriebene Prüfung, hatte ich doch tatsächlich nicht geschafft!

Da wurde auch gleich die Freude über die anderen geschafften Prüfungen um einiges kleiner, denn somit hatte auch ich das Semester definitiv nicht geschafft!!! Klar überlegt man sich, was wohl der Grund für das Versagen in diesem Fach gewesen sein könnte, aber trotz des vielen Hin- und Herüberlegens kam man zu keiner für einen persönlich verständlichen Erklärung. Nach einer gewissen Zeit der eigenen Enttäuschung habe ich mich wieder gefangen und mich gefreut, dass ich trotz meiner enorm großen Kopfverletzungen immerhin zumindest zwei Prüfungen geschafft hatte und die anderen würden dann eben etwas später kommen. In so einer Situation sollte man immer: „think positive" denken, was ich natürlich dann auch tat! Es war eigentlich, bis eben die „versiebte" Marketing-Klausur alles, wie es sein sollte, denn auch für das Zwischenmenschliche war ja gesorgt, denn ich hatte ja meine Freundin im Studentenwohnheim-Zimmer direkt gegenüber!! Und da sich an die Prüfungszeit eben auch gleich die Semesterferien anschließen, konnte ich eigentlich nur gut denken, denn all die ganze Lernerei hatte jetzt erst einmal, zwar wahrscheinlich nur kurz, aber trotzdem Ruhe und ich konnte mich auf andere Dinge, die ich auch sehr gerne mache, wie z. B. den ganzen Sport, wesentlich besser konzentrieren! Was jedoch weniger schön gewesen ist, war, dass mit meinen Freunden, so wie ich es von früher eben gewohnt war, nichts mehr gelaufen ist, was ich mir aber bis heute auch nicht genau erklären kann! O. k., es sind zwar nun bis auf einen alle verheiratet und haben Kinder, aber muss denn das wirklich der Grund des „Desinteresses" sein?!

Wäre schade, wenn es so sein sollte. Oder habe ich mich doch jetzt tatsächlich so geändert, dass jeglicher Kontakt nicht mehr wünschenswert war?! Who knows? Ich jedenfalls nicht!!! Also gut, in den Semesterferien bin ich dann mit den Eltern das ein oder andere Mal weggefahren, habe mit meiner Freundin dies uns das gemacht und sonst die Zeit zum Lernen genutzt! Um das Ganze nun etwas abzukürzen, kann oder besser muss ich schreiben, dass auch mein 2. Versuch, Marketing für mich positiv abschließen zu können, wieder in die Hose ging und das, obwohl ich auch nun wieder dachte, ich hätte die Prüfung geschafft, aber man denkt ja bekanntlich doch meistens für einen selber zu gut. So, nun stand ich tatsächlich da, ohne etwas in der Tasche zu haben. Hatte zwar eine echt nette Zeit in der FH und besonders im Studentenwohnheim, aber der eigentliche Grund meiner Anwesenheit dort, nämlich wieder etwas mehr zurück in mein altes Leben zu kommen, wurde nicht ganz erfüllt.

Zwar hat es mir schon geholfen, eine gewissen Grad ein Eigen- und Selbständigkeit zu erreichen, aber das für mein weiteres Leben Geplante wurde nicht geschafft! Ein dritter und somit wirklich allerletzter Versuch würde mir noch offen stehen, aber ich habe überlegt, wie und was ich noch besser und effektiver lernen könnte und kam dann leider zu dem Schluss, dass ich bei einem eventuell erneuten negativen Versuch nicht das Risiko eingehen würde, mir jeden weiteren Versuch, BWL studieren zu können, total zu verbauen. Und genau dieses Risiko wollte ich nicht eingehen, denn ich hatte von so einem bestimmten „Fernstudium" gehört und wollte mir diese letzte Möglichkeit nicht auch noch nehmen lassen! Also hatte ich mich selber exmatrikuliert und mein nettes Zimmer im Studentenwohnheim aufgelöst! Ja, es war nicht schön, aber der Gedanke an die Dinge, die noch folgen könnten, hat das Ganze etwas leichter für mich gemacht!!!

Wieder zurück im elterlichen Haus wurde natürlich überlegt, wie die Zukunft weitergehen sollte, viel mit meiner Mutter über verschiedene Vorgehensweisen für die Zukunft geredet und der absolute Ärger und das teilweise Unverständnis, warum doch tatsächlich diese drei Versuche, die Marketing-Klausur endlich zu schaffen, wieder nicht erfolgreich verlaufen waren und das obwohl ich mir doch bis zu dem Termin ziemlich sicher gewesen bin, es auch positiv abzuschließen, ließen den bis dahin aufgestauten wirklich großen Ärger noch um ein Vielfaches steigen! Der Ärger war tatsächlich so groß, dass ich mit bloßer Hand und mit voller Wucht gegen einen Lichtschalter, der gerade in meiner Reichweite gewesen ist, geschlagen habe, der dann natürlich in tausend Stücke zersplitterte, aber den absoluten Ärger und die Wut nicht so einfach lindern konnte.

Schließlich hatte ich ja schon sehr sicher gewusst, was ich nach dem abgeschlossenen Studium machen werde. Denn da ich mir sicher war und es auch immer wieder gemerkt hatte, dass eine selbständige Tätigkeit genau das ist, was mein Berufsleben ausmachen sollte, und ich auch nach einigem Suchen im Internet tatsächlich nichts fand, was meine Vorstellungen besser verwirklichen ließ, verfestigte sich mein nun schon öfters geschriebener Wunsch, den Beruf eines Steuerberaters zu ergreifen! Ja und auch obwohl ich wusste, dass der Weg dorthin nicht der leichteste wäre, war ich dennoch der Meinung, diesen Weg beschreiten zu wollen! Tja, was machte ich also nun, wo sich doch sämtliche Vorstellungen meines beruflichen Lebens schon fast in Luft aufgelöst hatten??? Ja, guter Rat war teuer, wie es so blöd heißt und hier war er dann wohl absolut wahnsinnig hyperkostspielig, dieser Rat! Und ich konnte mir einfach nicht vorstellen, wie meine künftige Zukunft aussehen sollte?!

Sehr viele meiner vorherigen Überlegungen ließen sich nun mit sehr großer Wahrscheinlichkeit nicht mehr realisieren. Alles, an was ich dachte und auch fest geglaubt hatte, wie eben einen freien Beruf, der mir den nötigen, finanziellen Spielraum gibt, ich also somit mein derzeitiges Leben ohne jegliche Einschränkungen so weiterleben könnte, und aber auch, an die Zukunft gedacht, für mein weiteres Leben und meine möglichen Nachkommen reichlich zur Verfügung stellt. Aber was in solchen Situationen – zumindest immer mir – hilft, ist, sich etwas körperlich zu betätigen! Und da ich ja schon immer sehr gerne Sport gemacht hatte, also z. B. gelaufen bin, wenn es zum Tennisspielen nicht möglich war, habe ich sehr oft am Abend meine Laufschuhe angezogen und bin meinen üblichen Weg losgelaufen. Manchmal war es auch etwas weiter bzw. länger, aber so im Schnitt bin ich doch immer meine 6 bis 8 km gelaufen. Man, oder besser ich konnte nämlich dadurch meinen aufgestauten Ärger zumindest etwas bändigen und versuchen, mich auf andere Dinge zu konzentrieren. Aber insgeheim blieb der Wunsch nach selbständiger Tätigkeit natürlich schon bestehen. So leicht gibt man schon so lange existierende Wünsche dann doch nicht auf.

Erneute Arbeit am Flughafen

Zum Glück kam dann nach relativ vielen Tagen der Gedanke, doch einfach wieder einmal am Flughafen anzurufen und zu fragen, ob evtl. wieder Arbeitskräfte benötigt werden, ich also erneut mit dem anfangen könnte, was ich vor dem Unfall schon gemacht hatte!? Tja und wie's doch glatt sein soll, wurde gesagt, dass doch tatsächlich wieder Leute eingestellt und auch gleich geschult werden sollten! Na und was lag da näher, als meine Unterlagen an den Flughafen zu senden und um eine erneute Vorstellung zu bitten?!

Und da mein Name dort immer noch ein Begriff gewesen ist, da ich vor meinem Unfall sehr, sehr viel am Flughafen neben dem Studium gearbeitet hatte und auch noch so genannter Lead-Agent – verantwortlich für alles, was mit Check-in und Gatetätigkeiten zusammenhängt – für eine Airline gewesen bin, wurde mir natürlich sofort eine Bestätigung meiner Anmeldung und Zeit und Ort für eine erneute Schulung zurückgeschrieben! Da hat man sich natürlich gleich wieder als absolut zugehörig gefühlt und mit all den zwar jetzt anderen, aber dennoch sehr sympathischen Kollegen inkl. der schon lange bekannten „Vorgesetzten" fühlte ich mich wieder an dem Ort, von dem aus ich positiv in die Zukunft schauen werde! Ich bin also nun wieder am Flughafen beschäftigt, dachte ich mir, und das war ein doch sehr angenehmer Gedanke, da mir die Arbeit am Flughafen schon immer viel Freude gebracht hat!

Man musste mich auch gar nicht wieder richtig einstellen, da ich durch meinen Unfall damals nicht als definitiv gekündigt oder ausgestellt galt! Sondern wohl lediglich in einer Art der „Beurlaubung" geführt wurde!

Die angekündigte Schulung, die natürlich wichtig ist, um das – für mich nun wieder – neue System richtig erlernen zu können, war recht angenehm, denn ich habe nun wieder weitere neue Kollegen kennen gelernt, die eben, wie ich auch, nun auch neu begonnen haben, nur war bei mir eben noch ein gewisses Maß an Wissen durch meine damalige Tätigkeit vorhanden, konnte tatsächlich durch mein „Altwissen" darauf zugreifen und so konnte ich doch noch auf einige Dinge, die während eines Check-in passieren konnten, aufmerksam machen. Und kam dadurch wohl in die Position des „Wissenden" bei sehr vielen Abläufen. Was mir selber damals natürlich äußerst angenehm gewesen ist. Um mir diese relativ lange Anfahrt mit dem Auto zum Flughafen jetzt zu sparen, habe ich eine Wohnung in München gesucht und auch gefunden! An einem echt tollen Platz in München, nämlich am Arabellapark! Dieser wurde auch durch mehrere Gründe von mir bevorzugt, denn man konnte von dort aus auch gleich gut einkaufen, also Lebensmittel wie auch Kleidung usw., es war zwar schon in München, man konnte aber von der Autobahn in nur sehr wenigen Minuten dort ankommen, es war alles nicht zu überlaufen zu bestimmten Zeiten wie sonst in München und außerdem waren es nur wenige Minuten zum Krankenhaus Bogenhausen, in dem damals meine ganze Behandlung vonstatten ging und ich, falls sich bei mir selber irgendetwas seltsames entwickeln würde, sofort in den richtigen Händen wäre, eben ohne Telefongespräche bzw. lange Fahrtzeiten! Es war zwar nur ein Einzimmerappartement mit separatem Badezimmer, aber trotzdem super, denn nun wohnte ich auch noch alleine in meiner eigenen Wohnung in München! Das hat von den Ärzten im Krankenhaus damals absolut niemand gedacht, dass ich wieder alleine wohnen könnte und das nur vier Jahre nach dem Unfall!

Ja, es hört sich ziemlich lächerlich an, wenn man sagt vier Jahre nach dem Unfall, man denkt, da ist doch eine hyperlange Zeit vergangen, da müsste es einem doch auch schon wesentlich besser gehen, aber meine Verletzungen waren eben doch so schwer und stark, dass es trotzdem noch eine Überraschung sogar für die Ärzte gewesen ist! Ja, jetzt wieder alleine in einer eigenen Wohnung war definitiv ein gutes Gefühl!

Man war eben noch mehr auf sich gestellt und etwas selbständiger. Aber eben immer mit der Sicherheit, dass ja die Eltern „nur" eine Stunde mit dem Auto entfernt wohnen und wenn etwas passieren sollte, sie auch sofort bei mir sein könnten! Was natürlich auch die eigene Sicherheit noch etwas verstärkt, denn man weiß ja – zumindest im Hinterkopf –, dass Hilfe, wofür auch immer, sehr schnell geleistet werden müsste!

Da mich die Arbeit mit dem Computer schon immer – auch vor meinem Unfall – sehr interessiert hat, habe ich mir nun einen sog. Laptop gekauft und in meiner Wohnung eine entsprechende Leitung legen lassen, dass ich also immer online sein kann, wenn ich möchte, und dies auch gleich sehr genutzt! Was ja nun wieder ein weiterer, wenn auch nur kleiner Schritt in eine gewisse Art von Selbständigkeit führte, denn nun konnte ich z. B. meine Bankgeschäfte durchführen, Informationen sehr schnell einholen und mich aufgrund vom Mail-Schreiben sehr gut mit anderen unterhalten! Ja, das Internet war und ist eine große Hilfe und Bereicherung für das tägliche Leben!

O. k., nun wohne ich also in München, in einer relativ kleinen, trotzdem aber angenehmen Wohnung, konnte wieder am Flughafen arbeiten und mit meinem eigenen Auto fahren! Um jedoch wieder relativ fehlerfrei arbeiten zu können, wurde natürlich eine erneute Schulung angeboten, bei der ich mitmachen musste und auch wollte, denn was hatte sich alles bei der Abfertigung geändert, oder wurde nun entsprechend anders durchgeführt?! Um diese in mir steckenden Fragen absolut klären zu können, wollte ich auch so eine Schulung mitmachen. Nach diesen Schulungen war dann zum Glück weitgehend wieder alles so, wie es auch vor meinem Unfall gewesen ist, nur mein persönliches Befinden hat sich natürlich nun erheblich geändert und natürlich auch mit einigen nicht mehr behandelbaren Defiziten, die sich nie mehr in den alten Zustand bringen lassen. Wie z. B. der absolute Verlust meiner Riechfähigkeit! Ich kann also absolut gar nichts mehr riechen!!! Das hört sich zwar sicherlich nicht sehr schlimm an, aber sogar auch das Riechen zählt zur Lebensqualität, wenn auch nicht recht stark, aber trotzdem hat man eben das Gefühl eines „nicht ganz intakt Seins", denn wenn man z. B. kocht und es brennt etwas an, kann man es nicht einmal mit der Nase lokalisieren, oder man geht mit einer netten Begleitung weg und diese hat sich extra eine besonderes Parfüm angelegt, bemerkt man dies nicht einmal. Ja, man sieht, dass auch hier die Lebensqualität eine weitere Einschränkung erfahren hat!!!

Aber all die positiven Dinge, die eingetreten waren, das muss ich jetzt sagen, kamen wohl auch wesentlich durch den superguten Rückhalt meiner Mutter, die ja immer da war und dies auch noch ist und mir in vielen Dingen helfend zur Seite stand, bzw. wo ich wesentlich sicherer bei sehr vielen verschiedenen Geschehnissen auftreten konnte, da ich ja wusste, ich hatte jemanden, der mir zur Seite stand!!! Und das hilft eben einfach wahnsinnig viel!!!

Bei der Schulung am Flughafen, die nun begann, hatte ich auch schon bemerkt, dass doch einiges in meinem „Altwissen" verankert gewesen ist und ich es eben nur noch einmal wieder hören oder wieder etwas von diesem Altwissen in Gang setzen musste! Was aber auch eine Gefahr darstellt, ist, dass man eben nicht mehr ganz genau unterscheiden konnte, ob das, was man nun gehört oder gelernt hatte, etwas Neues gewesen ist oder ob ich es doch aus meinem Altwissen wieder ausgekramt hatte und nun als Lösung verwendete! Ja, die Vermischung des Neuen und des erst vor kurzem Gelernten machte mir nun etwas Schwierigkeiten. Man hat sich dann ja auch unbewusst an einiges von früher erinnert, dachte, es sei richtig, und dann auch gleich verwendet! Genau diese Unterscheidung machte mir anfänglich noch einiges zu schaffen! Aber apropos schaffen, die Prüfung hatte ich geschafft und konnte nun wieder am Check-in arbeiten! Da ich aber eigentlich fast niemanden mehr kannte, bis auf einige von früher, die immer noch am Check-in arbeiteten, war es bei jedem Arbeitstag dort interessant, wen man denn nun kennenlernen würde und wie man sich mit demjenigen verstand! Tja und so was aber auch, eine junge Dame war recht oft mit mir zusammen eingeteilt und wir kamen wohl deswegen auch sehr häufig ins Gespräch. Ich konnte wirklich sagen, dass ich mich echt gerne mit ihr unterhielt, denn sie war wirklich überhaupt nicht irgendwie langweilig oder hatte nichts zu erzählen, sondern wir haben uns echt immer super zusammen unterhalten! Von meiner wie auch von ihrer Seite aus! Ja, so gingen dann die Tage dahin, ich stellte fest, dass ich doch immer sicherer wurde und mir die Arbeit somit auch immer mehr Freude gemacht hat! Und zusätzlich hatte ich ja nun auch eine sehr nette junge Frau kennengelernt, wir verstanden uns immer besser, trafen uns nach der Arbeit und sind zusammen in München weggegangen! Die Gespräche bei unseren Treffen wurden immer länger und tiefer und haben uns beiden auch immer mehr Spaß gemacht. Da habe ich dann herausbekommen, dass sie ein Einzelkind war, das Abitur mit einem Einser-Schnitt belegt hatte und da sie momentan noch nicht ganz genau wusste, was sie studieren sollte, hat sie am Flughafen zu arbeiten begonnen. Natürlich stellte ich sofort fest, dass es ja auch bei mir nicht viel anders gewesen ist, nur habe ich eben während des Studiums begonnen, am Flughafen zu arbeiten. Es haben sich somit einige Gemeinsamkeiten aufgetan, was man auch merkte, wenn wir zusammen am Abend weggingen. Und natürlich haben wir uns dann auch immer besser in und während der Arbeit verstanden und wurden ein richtig kleines Team am Flughafen!

Die neue Bekannte, die ich bei meiner Arbeit am Flughafen kennen gelernt hatte, konnte ich auch zum ersten Mal, als wir in München ausgegangen sind, in meine nun neue Wohnung mitnehmen. Die Lage und Verkehrsanbindung hatten ihr natürlich auch super gefallen und so ist sie dann auch gerne einmal bei mir über Nacht geblieben! Dann musste natürlich auch eine kleine Einweihung mit den Kollegen vom Flughafen in meiner neuen Wohnung in München organisiert werden, auch um das Ganze für mich und meine neuen Kollegen etwas offizieller zu gestalten, was dann auch recht lustig wurde, da ich einige der Kollegen nun auch noch etwas besser kennen lernen konnte! Außerdem konnte ich nun ebenfalls offiziell berichten, dass die junge Frau, die immer zu mir kommt und ebenso am Flughafen und noch dazu in meiner Firma arbeitet, nun tatsächlich meine Freundin ist! Jetzt haben wir verstärkt auch noch einige Dinge zusammen erlebt, wie u. a. den Besuch auf dem Münchner Tollwood-Festival, bei dem ich mich dann wie zurückerinnert gefühlt habe, da ich ja vor einigen Jahren auch mit meiner damaligen Freundin relativ häufig auf diesem Festival gewesen bin und es uns auch damals immer supergut gefallen hatte! Ja und so gefiel es mir jetzt, so viele Jahre und Begebenheiten nach meinem Unfall nun auch wieder. Es ist einfach schön, zusammen mit der Freundin verschiedene Dinge zu erleben, also viele Sachen in einer gewissen Art eben auch teilen zu können!!! Und so war es auch mit dem Besuch im IMax oder im Lustspielhaus ebenfalls in München, bei dem Bruno Jonas auftrat!

Da wir uns wirklich sehr gut verstanden haben und es nun meine Freundin auch immer etwas wegzog, besonders in Länder, in denen französisch gesprochen wurde, und wir beide am Flughafen arbeiteten, stand dem nichts im Wege, dass wir uns sehr günstige Stand-by Tickets für einen Flug über Basel nach Marseille kauften. Ja, ich musste immer sehr vorsichtig sein bei einem Flug wegen des in meinem Kopf implantierten Shunts. Als **Shunt** wird in der Medizin eine Kurzschlussverbindung mit Flüssigkeitsübertritt zwischen normalerweise getrennten_Gefäßen oder Hohlräumen bezeichnet. Dieser kann natürlich im Rahmen einer medizinischen Maßnahme künstlich angelegt werden und sich nicht irgendwie negativ auf mein gesamtes Erscheinungsbild auswirken. Aber da zum Glück unser Flug nicht zu lange gedauert hat und wir deswegen auch nicht zu hoch geflogen sind, habe ich nach der Landung nichts Negatives gespürt, ich merkte wohl lediglich, dass meine Konzentration und gedankliche Schnelligkeit etwas langsamer oder eben verändert waren als vor dem Abflug, was sich jedoch nach wenigen Stunden zum großen Glück wieder regulierte und sich nun die eigentliche Freude und Spaß einstellten! Ja, mit so einem Shunt im Kopf hat man eben neben den großen Vorteilen, dass es einem fast wieder so geht wie früher, auch mit einigen, individuell verschiedenen Nachteilen zu kämpfen! Aber auf die kommt man eben auch erst, wenn man Dinge, die nicht irgendwie als gefährlich eingestuft sind, macht. Tja, learning by doing eben!!! Nur zu extrem darf oder sollte man eben nicht sein! Aber das muss, ganz klar, eben jeder für sich selber entscheiden und danach handeln! Auf jeden Fall war es absolut angenehm, nun in einem fremden Land/Stadt zu sein und alles Weitere mit meiner Freundin, die supergut französisch sprach, erkunden zu können! Neben den vielen sehr interessanten Straßen, auf denen die angebotenen Produkte bzw. Dienstleistungen Paris entsprechend nicht gerade günstig gewesen sind, haben wir uns natürlich auch den großen und bekannten Sehenswürdigkeiten und Wahrzeichen von Paris nicht entziehen können, wie eben dem Eiffel-Turm, welcher zur Weltausstellung 1889 und zur 100-Jahr-Feier der Französischen Revolution erbaut wurde. Anfangs diente er nur als Blickfang und als Aussichtsturm für die Ausstellung, seit 1916 ist er aber auch Antennenmast, was seine ursprüngliche Höhe von 307 Meter auf 329,75 Meter verlängert hat. Bis 1931 war der Eiffelturm das höchste Bauwerk der Welt, erst dann wurde ihm der Rang zunächst vom Chrysler-Building, dann vom Empire-State-Building in New York abgelaufen.

Auch durfte in Marseille ein Besuch der Basilika

Notre Dame de la Garde nicht fehlen, die sich etwas außerhalb des Stadtzentrums, circa einen Kilometer südlich des alten Hafens, befindet. Die Wallfahrtskirche wurde 1864 erbaut, hat einen 60 Meter hohen Turm mit einer vergoldeten Madonna und ist nachts wunderschön beleuchtet.

Die Kirche an sich ist nichts Interessantes. Der Grund, warum jeder Besucher der Stadt Marseille zur „Basilika Notre Dame de la Garde" pilgert, ist die imposante Aussicht, die man von der höchsten Erhebung der Stadt aus genießt. Von hier aus hat man einen traumhaften Blick auf den alten Hafen, den dahinter liegenden Stadthafen, die gesamte Stadt Marseille und das Hinterland. Und das habe ich mit meiner Freundin natürlich absolut genossen!!!

Weit weg von der Heimat zu sein, sich trotzdem sehr wohlzufühlen, da man auch weiß, dass sich die Begleitung absolut verständlich bei möglichen Besonderheiten ausdrücken kann und es aber auch gar keinen Anschein hatte, das so etwas einmal vorkommen sollte!?

Und auch der „Arc de Triomphe" gehörte zu den interessanten Bauwerken, welche man gesehen haben muss, wenn man einmal in Paris ist! Und der Bau dieses Denkmals wurde unter Napoléon im Jahre 1806 begonnen und unter dem letzten französischen König Louis-Philippe im Jahre 1836 beendet. Baumeister war J. F. Chalgrin. Der Arc de Triomphe de l'Étoile, der 50 Meter in der Höhe und 45 Meter in der Breite misst, wurde zu Ehren der siegreichen französischen Armeen der Revolution und des 1. Kaiserreiches erbaut. Die sterblichen Überreste Napoléons wurden 1840 unter dem Siegesbogen aufgebahrt, und 1885 erwiesen mehrere Zehntausend Pariser dem Dichter Victor Hugo unter dem Triumphbogen die letzte Ehre. Die Alliierten hielten im Jahre 1918 nach dem Frieden von Versailles hier ihre Siegesparade ab, 1920 wurde am Fuße des Siegesbogens das Grab des Unbekannten Soldaten errichtet (übrigens das erste Denkmal dieser Art). Der Einmarsch der Deutschen in Paris im Jahre 1940 erfolgte ebenfalls durch den Bogen des Denkmals, und 1944 wurde Charles de Gaulle hier gefeiert. Jedes Jahr findet am 11. November (Jahrestag des Waffenstillstandes von 1918) eine Gedenkfeier zu Ehren der Gefallenen des Ersten und Zweiten Weltkrieges statt. Der Triumphbogen wurde 1988–1989 vollständig restauriert.

Tja, nach so vielen interessanten Neuigkeiten ist die Aufnahmefähigkeit des Kopfes nun an ihre Grenzen gestoßen und so haben wir – oder besonders ich – uns etwas weniger die geistestätigkeitherausfordernden Unternehmungen gewünscht! Ja, auch da merkte ich, welche Defizite mein Gehirn noch aufwies und habe mir insgeheim bestimmte Vorgehensweisen überlegt, um einer noch so geringen geistigen Herausforderung zu genügen! Und ich kann nun auch schreiben, dass es mir tatsächlich gelang, unseren Aufenthalt in Paris weiter als sehr angenehm zu erleben! Und das galt auch für meine Freundin!

Nach dieser Menge von wirklich interessanten Eindrücken von Paris waren die drei Tage vergangen, wir haben unser Gepäck gepackt und sind dann freudig, da wir wieder in unser Land fliegen werden, aber auch etwas betrübt, da diese wirklich angenehme Zeit in Paris nun zu Ende ging, mit einem Taxi zum Flughafen gefahren! Der Flug ging dann direkt von Paris, Charles de Gaulle, nach München. Wieder zurück in München ging das relativ triste Leben wieder weiter und mir war erneut danach, etwas zu ändern!!!

Nein, so sollte es nicht weitergehen. Aber was kann ich machen, wenn sich fast meine gesamten Zukunftspläne nun nicht mehr in der Art verwirklichen lassen, wie ich es mir vorgestellt hatte?!

Ich wollte doch schon immer freiberuflich arbeiten, also mein eigener Chef sein, und zum Glück gibt es ja das Internet und so habe ich also hier recht fleißig nach verschiedenen Möglichkeiten gesucht. Und wer hätt's gedacht, ich finde doch glatt eine Möglichkeit, mit etwas, was auch mir Spaß macht, Geld zu verdienen! Ich wollte nun mein Interesse, nämlich den Umgang mit den neuen Medien, also dem Internet, weiter nutzen und mich zu einem Webmaster ausbilden lassen, jedoch meine sichere Arbeit am Flughafen nie aufgeben!!! Ja, jetzt hatte ich es, ich werde mich diesem interessanten Bereich mehr und intensiver widmen und natürlich mit einigem Zeiteinsatz zu einem sog. Webmaster aufsteigen. Und ich musste auch nicht recht lange suchen, da fand ich gleich verschiedene Möglichkeiten, die auch von der Zeit passten, suchte eine für mich geeignete aus und meldete mich also für einen IHK-Kurs zur Website-Erstellung an! Und ich war mir nun fast sicher, endlich das Richtige gefunden zu haben, selbständiges Arbeiten in einem Zeitrahmen, den ich mir selber setzen kann. Die eigenen Vorstellungen in die Arbeit mit einzubringen war doch genau das, was ich gesucht hatte!

Nach erfolgreichem Abschluss des Kurses und nachdem ich mein Gewerbe in unserer Stadt mit relativ geringen Gebühren angemeldet habe, mich also nun Webdesigner schimpfen konnte, habe ich mich natürlich zu Hause erneut entweder in München an meinen Laptop oder sonst natürlich in Töging an meinem feststehenden PC gesetzt und versucht, anhand der „Gelben Seiten" der Telekom herauszufinden, welche Betriebe es in Töging gab, die eben noch nicht im Internet mit ihrer eigenen Website präsent waren, aber doch wohl auch ein positives Betriebsergebnis erreichen wollen, indem sie leicht gefunden und entsprechende Verträge gemacht werden konnten. Habe nun natürlich geschaut, welche ähnlichen Sites wie die, die ich erstellen wollte, im Internet schon präsent waren. und versucht herauszufinden, wie man einem potenziellen „Neukunden" die eigene Idee einer Website, mit all ihren Vorteilen positiv verkaufen kann, sodass dieser sich dann eine solche eben von mir erstellen lässt und ich etwas verdienen kann, was ja eigentlich mein großer Wunsch war und auch geblieben ist!!!

Was mir jedoch persönlich in dieser ganzen Zeit nicht genau bewusst geworden ist, war, dass ich doch immer weniger Zeit mit meiner Freundin verbringen konnte, wir uns also irgendwie entfernten und uns dann eben auch „nur" noch dann meistens in meiner Wohnung in München gesehen haben, wenn wir beide nicht arbeiten mussten und meine Freundin wieder bei mir geschlafen hatte!

Klar, von meiner Wohnung konnte sie ja dann auch sehr praktisch – wie eben ich auch – zur Arbeit an den Flughafen fahren! Was aber immer noch, ich hoffe, jetzt für beide sprechen zu können, sehr angenehm gewesen ist, denn wir haben natürlich nicht zu früh das Licht ausgemacht und es uns im Bett gemütlich gemacht, sondern sind dann schon auch recht oft noch in die Stadt gefahren oder haben uns mit Kollegen vom Flughafen getroffen und mit denen nett geredet oder auch einmal einen Film aus der Videothek ausgeliehen und uns einen netten Abend zusammen organisiert. Was jedoch nach einer gewissen Zeit zu einer Art der Monotonie führte und den eigentlichen Spaß, den es früher brachte und weswegen wir es ja auch immer wieder wiederholten, definitiv nicht mehr gebracht hat und da denke ich, dass es vielleicht eher ihr zu langweilig wurde, dass sie wohl mehr von ihrem Leben wollte, als „nur" mit mir solche sicher nicht atemberaubenden Dinge zu erleben! Was ich jetzt im Nachhinein durchaus verstehen kann.

So, nun bin ich zu den jeweiligen Firmen gefahren und habe ihnen meine Idee vorgeschlagen. Eine kannte mich sogar noch, da ich dort früher einmal einen Ferienjob gemacht hatte, und war nach der Vorstellung eigentlich schon mit meiner Idee einverstanden und so sollte ich ihnen jetzt erst einmal einen Entwurf vorstellen. Oh super, dachte ich, der Stein kommt ins Rollen, denn das ist nun mein erster Auftrag und viele würden noch folgen – hoffte ich –, wenn sich herumspricht, dass man von mir eine Website mit fast genau den Wünschen der Geschäftsführer erstellt bekommt. Und das auch noch, zumindest ein kleines bisschen, günstiger als von den meisten anderen Anbietern. Denn darauf habe ich schon aufgepasst, im Vergleich zu anderen Angeboten im Internet günstiger zu sein. Und ja auch noch fast am gleichen Ort für z. B. etwaige Nachfragen zur Verfügung zu stehen, ist doch ein großer Vorteil, dachte ich mir. Ja, da war nun wieder das positive Denken an meine weitere Zukunft und so machten mir stressige Momente auch nur sehr wenig aus!

Denn mein Wunsch nach einer selbständigen Zukunft kam immer näher – so meinte ich damals – und das gab mir auch die nötige Kraft! Was fehlte mir also eigentlich??? Ich hatte eine Freundin und war auf dem Weg, eine berufliche Existenz meinen Vorstellungen nach organisieren zu können und nebenbei noch einen Beruf, der nicht zu viel Zeit in Anspruch nahm, aber mir trotzdem zumindest einigermaßen Geld einbrachte! Also ging es mir gut!!!

Ich denke aber trotzdem, dass mir der Wunsch nach größeren, weitreichenden Zielen immer noch etwas im Kopf steckte und ich mich also nicht wirklich absolut über das nun Erreichte freuen konnte!?

Um meinen Wünschen noch etwas näher zu kommen, dachte ich mir, man sollte doch etwas vorweisen können, damit man auch sieht, dass man nicht nur redet, sondern durchaus auch etwas vorweisen kann. Und so habe ich mich nach längerem Suchen in München bei der IHK für einen Kurs zum „Webmaster" angemeldet! Denn genau das würde ja passen, denn ich habe vor, die verschiedenen Reisemöglichkeiten per Internet – was die Zukunft sein wird – anzubieten. Nachdem man innerhalb von einigen Abenden gezeigt bekam, wie man auf potenzielle Urlauber bzw. Reisewillige zugehen sollte, wie man was anbieten müsste und auch der ganze Ablauf nach der Buchung einer Reise vonstatten geht, und natürlich dem zusätzlichen Lernen mit angegebenen Büchern konnte ich dann die Prüfung bei der IHK in München belegen! Dies war der erste Teil, denn wer sich weiter qualifizieren wollte, musste nun auch noch das Diplom erwerben!

Na und da ich das ja sowieso vorhatte – nun leider nicht mehr nach einem „normalen" Studium –, musste ich mich jetzt noch hinsetzen und auf die Prüfung lernen! Ja es war natürlich dann eine nicht mehr ganz so schöne Zeit, aber was ich jetzt erreichen konnte nach meinem Unfall mit diesen großen Schädigungen, hat mir dann den Willen gegeben, nicht locker zu lassen und dranzubleiben! Denn wenn man einmal in der Situation gewesen ist, genau zu sehen, wie es eben ohne eine entsprechende Ausbildung ist, bekommt man einen sehr, sehr großen Willen, das Gewünschte nun auch zu schaffen!

Für den 2. Teil der Prüfung bekam man nun nicht wenige Blätter mit nach Hause, die man bearbeitet wieder abgeben musste!

Siegessicher gab ich nun meine bearbeiteten Blätter ab und war noch mehr gespannt, zu was für einem gesamten Resultat die Professoren der Fernhochschule kommen werden!

Nach einer relativ langen Zeit wurden wir, also die Studierenden, angeschrieben und gebeten, sich erneut bei der IHK einzufinden, denn es wurden dann die Ergebnisse bereitgestellt! Und wer hätte es gedacht, ich war ab diesem Tag so genannter „Diplom E-Commerce Manager"! Hört sich zwar ziemlich hochtrabend an, wird aber tatsächlich so bezeichnet!

So, nun war der erste Schritt in meine doch so gewünschte Selbständigkeit getan, wie sollte es also nun weitergehen??? Da habe ich eben natürlich erst einmal im Internet nach verwertbaren Informationen oder Beschreibungen einer solchen Tätigkeit gesucht und wusste ja durch mein Studium, dass man immer versuchen sollte, so wenig wie möglich finanzielle Mittel auszugeben, aufzuwenden und eben so viel wie möglich dafür zu bekommen! Und was bedeutet eigentlich E-Commerce? Vielfach wird er mit „Online-Shopping" oder „Verkaufen über das Internet" gleichgesetzt und so dachte ich mir, dass verschiedene Firmen als Erstes eine ansprechende Website benötigen, um von dort aus ihre Produkte oder Dienstleistungen ansprechend darzustellen und dann natürlich auch zu verkaufen und so den Wunsch oder das Bedürfnis, so etwas ebenfalls zu besitzen oder allein zu haben, so weit zu fördern, dass ein Geschäft abgewickelt wird, „der Rubel rollt"!!! So, nun habe ich mir also als Erstes verschiedene Websites angesehen und versucht herauszufinden, mit welchen Mitteln oder auf welche Art versucht wurde, das jeweilige Produkt dem potenziellen Käufer so nahe zu bringen, dass dieser dann auch entsprechend agiert und bestellt oder eben gleich kauft. Besonders der Vertrieb über das Internet, Web-Marketing, Werbung und PR haben mich besonders interessiert. Es entsprach ja auch meinen Vorstellungen einer interessanten Marketing-Tätigkeit! Da ich mir einige Programme zur Websitegestaltung gekauft hatte, habe ich nun auch gleich versucht, wie man ansprechende Sites gestalten könnte. Dann habe ich einzelne Firmen in meinem Umkreis angerufen, ihnen meine Vorstellung einer kundenlockenden Website zuerst über das Telefon dargestellt und anschließend versucht, ein Treffen auszumachen, bei dem man dann den eigenen Entwurf, auch mit den einzelnen Möglichkeiten eines Produktverkaufs und einer sehr ansprechenden Darstellung der jeweiligen Firma, die den potenziellen Kunden so stark ansprechen möchte, dass ein persönlicher Kontakt mit demselben sehr sicher sein sollte!

Einige hatten gleich am Telefon gesagt, dass schon so ein Auftrag gestellt worden ist, sie also kein Interesse hätten, jedoch haben mich einige wenige zu einem Gespräch eingeladen!

Das war nun wieder ein kleiner Lichtblick für mich, da ich nun wusste, dass das, was ich anbiete, auch durchaus einer gewissen Nachfrage gegenübersteht, es also nicht umsonst gewesen ist! So etwas bestärkt einen und lässt das Interesse an diesem Thema steigen.

Da ich nun die Firmen kannte, zu denen ich einmal fahren werde, habe ich mir auch gleich überlegt, wie ich einen Internetauftritt wohl am besten darstellen könnte, und mich dann auch gleich zu Hause an meinen PC/Laptop gesetzt und solche Vorstellungs-Sites erstellt. Und wenn man sich einmal in diese Thema eingearbeitet hat, sind einem natürlich auch noch wesentlich mehr Einfälle gekommen und man hat versucht, das für einen persönlich Bestmögliche zu erstellen, mit der Hoffnung, es so auch gut verkaufen zu können und dass man somit auch eine kleine Bezahlung verlangen könnte. Aber noch war man ja eben nicht bei der entsprechenden Firma und konnte seine Ideen und Einfälle immer noch überarbeiten, erneuern oder ganz einfach absolut anders darstellen! Die Freiheit, das für einen selber Beste darzustellen, war eben immer noch gegeben. Die eigene Kreativität wurde zwar durch das persönliche „Nichtkönnen" relativ begrenzt, jedoch machte es trotzdem Freude, sich mit diesem Bereich auseinanderzusetzen. Na ja, und da ich zu diesem Zeitpunkt natürlich auch besonders viel im Internet im Bereich der Websiteerstellung unterwegs gewesen bin, habe ich mir oft äußerst umfangreich erstellte Sites angesehen und bei mir gedacht, dass ich es so weit sicher auch einmal schaffen werde! Und zwar nicht nur so weit, sondern bestimmt auch noch wesentlich weiter. Ja, so etwas machte mir Mut und ließ mich nicht vor der – für mich momentanen – Beschränktheit in einigen Bereichen zurückschrecken, sondern eher nach noch mehr Möglichkeiten suchen, etwas zu erstellen! Bevor ich jedoch mit der Erstellung von Websites begonnen habe, war ich natürlich erst einmal in meiner Stadt auf der Gemeinde und habe mich nun als Gewerbetreibender eintragen lassen.

Ja, auch das Finanzamt möchte ja schließlich ein schönes Stück vom selbst Erarbeiteten haben! Aber natürlich war ich in meinen Gedanken schon wieder einige Schritte voraus und so haben mich solche Ausgaben erst einmal gar nicht gestört.

Denn in meinen Vorstellungen hatte ich ja bereits begonnen, die Websites für alle großen in meiner Stadt bekannten Firmen zu erstellen und damit so ein Ansehen für diese Firmen, aber ein kleines bisschen auch für mich, zu erhalten, dass meine Tätigkeit nun nicht mehr lediglich in dem Ort, in dem ich wohne, nachgefragt wurden, sondern sich immer weiter ausbreitete, eben auch in immer größere Städte mit einem damit immer größer werdenden Auftragsvolumen, somit zwar auch mit immer weniger Zeit für einen selber, aber man darf eben die finanzielle Seite nicht außer Acht lassen, die entsprechend der Auftragslage ebenfalls immer weiterwuchs!!!

Ja, in meinen Vorstellungen war ich sogar schon in Amerika – wir haben dort einen sehr guten Bekannten, der in New York wohnt – und habe dort für einige Firmen Websites erstellt, welche dann auch die Nachfrage nach den Produkten oder Dienstleistungen, die angeboten werden, um ein Vielfaches steigerten! Aber leider, leider war ich eben noch bei mir auf dem Land und konnte von solchen Überlegungen eben nur träumen. Aber bekanntlich sollten sich auch zumindest manche träumerischen Vorstellungen nach einiger Zeit und Arbeit in Wirklichkeit wandeln! Und genau dieser prospektive Gedanke ließ mich damals meine Arbeit mit Freude erledigen!

Natürlich hatte ich mir damals auch eine Website für mich selber erstellt und aufgrund der Zugriffe auf die Site habe ich gesehen, wie groß auch die Nachfrage nach der angebotenen Dienstleistung tatsächlich ist. Dann konnte ich außerdem auf verschiedenen Sites werben und allein durch die Darstellung der eigenen Website konnten die Besucher Rückschlüsse auf die dann für sie erstelle Site ziehen! War also auch Teil der Eigenwerbung!

Aber um natürlich schon immer mehr oder weniger aktuell bleiben zu können, habe ich auch andere Sites besucht und versucht, dort etwas Geeignetes für die Erstellung zu kopieren und den eigenen Vorstellungen für das jeweilige Unternehmen anzupassen oder ganz einfach neue Eindrücke zur Erstellung von ansprechenden und dem Geschäftsziel entsprechenden Sites zu erhalten! Denn man muss sich natürlich auch erst einmal einen Namen in dem immer schneller wachsenden Metier von Webdesignern machen! Aber da diese Tätigkeit nach wie vor Spaß machte, ich ja auch schon immer als selbständig Arbeitender tätig sein wollte, dachte ich eben, nun das erreicht zu haben, was mir nach meinem Unfall als genommen angesehen wurde! Ja und jetzt dieser Lichtblick, wieder durchaus kreativ zu Werke gehen zu können und eben fast genau den eigenen Vorstellungen in dem jeweiligen Bereich folgen zu können! Das war ein wirklich äußerst angenehmes Gefühl.

Einige von den durch die Schwere des Unfalls verloren geglaubten Möglichkeiten kamen doch wieder, zwar nur sehr langsam, aber trotzdem stetig zurück und so hat sich sehr viel insgeheim zum Positiven geändert! Danke, lieber Gott!

Da ich schon immer sehr gerne Sport gemacht habe, durften die sportlichen Aktivitäten nun natürlich auch nicht zurückstehen und so habe ich mich relativ regelmäßig und sofern Zeit nach meiner Tätigkeit geblieben ist in mein Laufdress geschwungen, meine extra fürs Laufen gekauften Sportschuhe angezogen und mich auf den Weg gemacht!

Ich habe mir während des Laufens meine Ideen noch einmal in meinen Kopf zurückgeholt und überlegt, ob dies dann auch für die Firma von Vorteil wäre, wenn es hunderte von verschiedenen Personen ansehen und sich ihre Gedanken darüber machen würden!? Und zwar die richtigen Gedanken machen, also was einen Kauf bzw. eine Annahme eines Dienstleistungsangebotes angeht!? Ja man sieht, diese selbstständige Tätigkeit hat mir gelegen. Also Freude gemacht und auch eine gewisse Selbständigkeit gegeben, was ja schon immer mein Wunsch gewesen war!

Und so gingen die Tage ins Land, ich war immer auf der Suche nach neuen Interessenten einer Website-Erstellung, was jedoch auch immer schwieriger wurde! Denn entweder hatten sie schon eine oder es war ihnen zu viel Aufwand bzw. sie wollten eben kein Geld dafür ausgeben, hatten evtl. schon jemand, den sie damit beauftragt hatten, oder waren dem ganzen, wie sie meinten „Neumodischem", eher negativ gegenüber eingestellt und sahen also keine Notwendigkeit, dafür Geld ausgeben zu müssen. Da ich aber meine Selbstständigkeit nicht so einfach aufgeben wollte, habe ich mich natürlich immer weiter nach potenziellen „Auftraggebern" umgesehen. Nur muss ich hier wirklich ehrlich sein und feststellen, dass ich diese Suche leider ohne großen Erfolg einstellen musste und somit der große Traum nach einem eigenständigen Geschäft – erst einmal – beendet werden musste!

Aber zum sehr großen Glück hatte ich ja immer noch meine Anstellung am Flughafen und konnte mich jetzt darauf wieder etwas mehr konzentrieren. Aber da man jedoch immer noch ein Mann ist, hat man natürlich auch noch Wünsche in Richtung Partnerschaft! Und da ich eigentlich in München nicht sehr viele

Freunde hatte und doch eher unregelmäßig an meinem Hauptwohnsitz auf dem Land war, habe ich dann das Internet wie eben hunderttausend andere auch dafür genutzt, eine junge Frau einmal kennen zu lernen.

Nun habe ich mich im Laufe der Zeit in einigen sog. Suchmaschinen umgeschaut, ohne mich jedoch auf der Site anzumelden, denn das würde ja auch wieder kosten, und habe versucht, die meinen Wünschen am meisten entsprechenden Sites auszuwählen.

Und das sind nicht wenige, denn die jeweiligen Betreiber wissen natürlich wie ein solcher Aufbau auszusehen hat und so wird man dann am allermeisten so beworben oder angezogen, dass man sich nur relativ schwer auf einige wenige beschränken kann, denn das Angebot ist einfach riesengroß!!! Und da ich meinte, ich werde schon das bekommen, was mir zugedacht ist, habe ich mich einfach auf die Sites konzentriert, welche meinen Vorstellungen am nächsten kamen. Und nun war ich fast noch lieber im Internet, denn da ich ja gefunden werden wollte, war es jedes Mal sehr spannend, was man evtl. Neues erfahren konnte. Wer war auf meinem Profil, hat mir jemand etwas geschrieben, wenn ja wer, sind meine Kontaktversuche angenommen worden und habe ich darauf eine Antwort bekommen, falls ja, war die Frage natürlich, was kam als „Antwort"? Eine Frage, eine Ablehnung, ein Vorschlag, ja es war eben einfach immer sehr spannend, was der Inhalt von Antwortschreiben war.

Da ließ sich dann natürlich die eigene Fantasie nicht sehr bremsen und ich machte mir eben meine eigenen Vorstellungen, was man alles zusammen unternehmen und generell zusammen machen konnte. Würde sie z. B. gerne einmal wegfliegen, also reist sie gerne, ich arbeite doch am Flughafen und bekomme dadurch äußerst günstige Flüge, macht und mag sie Sport, wenn ja, welchen Sport übt sie aus, mag sie Kinder, mag oder hat sie Tiere, jaja, einige verschiedene Gedanken jagten durch meinen Kopf und die Hoffnung, doch nun endlich jemanden zu finden, mit dem man sein weiteres Leben zusammen erleben kann, wuchs immer weiter!

Na ja, getroffen habe ich zwar auch immer wieder einmal eine junge Frau, jedoch war es ein kleines Problem, dass ich zwar in München während meiner Arbeit meine Wohnung dort nutzte, jedoch sonst eigentlich fast lieber in meinem Haus auf dem Land war. Was war also nun, wenn ich eine nette Frau aus München kennen gelernt hatte, diese aber das Leben auf dem Land überhaupt nicht akzeptieren konnte??? Oder natürlich auch umgekehrt, wenn ich eine Frau bei meinem eigentlichen Wohnort traf, was meinte sie, wenn ich relativ oft nach München fuhr??? Ja, da war ich also hin- und hergerissen, denn eigentlich war ich ja echt gerne in München, mir gefiel der Bezirk, in dem meine Wohnung war, sehr gut, ich konnte sehr einfach zu meiner Arbeit fahren, ich war auch recht gerne mal wieder nur für mich und ein paar Bekannte hatte ich ja inzwischen auch!

Also alleine war ich definitiv nicht!!! Nur durfte ich nicht vergessen, dass ich in meinem „Landhaus" meinen Hund hatte, meine Eltern dort lebten, mein Bruder absolut nah sein Haus hatte, ich meine Freunde dort hatte und außerdem auch wesentlich bessere Sportmöglichkeiten vorhanden waren! Und Sport mache ich eben wahnsinnig gerne! Was war nun also wichtiger? Zu Hause bei meiner Familie, meinem Hund, den Freunden und Sportmöglichkeiten zu bleiben oder in der Stadt mit einer Freundin zu sein???

Jaja, das Allerbeste, auf das ich auch immer wartete,

wäre natürlich, eine junge Frau in München kennen zu lernen, sich so gut zu verstehen, dass man dann nach einer gewissen Zeit, in der man sich auch erst einmal selber sehr, sehr gut kennen lernen muss, dann den beidseitigen Wunsch zu spüren, zusammen auf das Land in mein Haus zu ziehen! Hört sich einfach an, ist es aber leider nicht. Denn die Frauen denken eben oft ganz anders als die Männer, das wiederum hört man ja auch ziemlich oft, und haben eben noch ihre eigenen Vorstellungen, die sich auf dem Land nicht realisieren lassen würden.

Es gibt zwar sehr viele Menschen, die auf dem Land wohnen und eben jeden Tag entweder mit dem Zug oder sonst per Auto in die Stadt fahren, es ließe sich also eigentlich ohne jedes Problem regeln, aber da kommen dann natürlich auch die Einwände, was man machen sollte, wenn Betriebsfeste sind, man einmal mit Kollegen am Abend noch weggehen oder eben einfach nach der Arbeit noch etwas zum Shoppen in die Stadt gehen möchte? Obwohl man dann natürlich immer gleich darauf sagen kann, dass ja der absolut letzte Zug erst um kurz vor 24 Uhr abfährt und bis dahin ja wohl keine Geschäfte mehr offen hätten und dass man, wenn's tatsächlich so wäre, eben ein kleines bisschen früher von einer Einladung oder Fest gehen müsste. Wo also wären die Probleme???

Und was man auch nicht vergessen darf, ist natürlich im jetzigen Zeitalter die Nutzung des Internet! In meinem Haus auf dem Land habe ich eine festinstallierte Anlage und auch in der Stadt habe ich einen festen Internet-Anschluss, an den ich immer meinen Laptop hänge, bin also jederzeit online erreichbar und nutze diesen Anschluss auch täglich! Ich führe meine Bankgeschäfte online, informiere mich über alle möglichen

Dinge und – natürlich – halte ich nach jungen Frauen online Ausschau!

Ja und auch über diesen Weg habe ich schon nette Bekanntschaften schließen können.

Und welch ein großes Glück ich habe, dass mir dieser Unfall nicht noch mehr genommen hat, als schon sogar von den Medizinern im Krankenhaus gedacht wurde.

Dass ich also immer noch einen großen Reiz am anderen Geschlecht sehe und somit auch sehr interessiert bin, eine junge Frau einmal kennen zu lernen und mit ihr ein Leben zu gestalten und aufzubauen denke, ist wohl ein Indiz, dass der tief in einem steckende Wunsch immer noch existiert!

Da ist zum Glück auch das Internet eine riesengroße Hilfe, denn es gibt ja mittlerweile so viele verschiedene „Kontakt-Websites", das man wirklich eine hypergroße Auswahl hat. Tja, nur leider sind auch die meisten mit Zahlungen verbunden, aber wie immer spielt die Neugier auch mit und so habe ich mich auf ganze drei Sites beschränkt, von denen ich meinte, dort eine junge Frau mit den meisten Übereinstimmungen kennen zu lernen.

Bis man aber zu so einem Schluss gelangen kann, muss man doch eine ganze Weile online sein und sich eben diese verschiedenen Sites einmal etwas genauer ansehen, bis man dann zu dem Schluss gelangt, die für einen persönlich, richtige/n Site/s gefunden zu haben!

Aber daneben stand bei mir eben immer noch auch die Suche nach einer mir mindestens ebenso viel Freude bringenden beruflichen Tätigkeit.

Klar, auch ist immer in meinem Kopf, dass ich meine Tätigkeit am Flughafen zumindest für regelmäßige Einnahmen und verschiedene andere Vorteile nicht missen möchte, ich aber doch etwas irgendwie anderes, Neues beginnen möchte!

Tja, und nun weiß man also nicht genau, wie man die weitere Zukunft für sich am besten gestalten sollte/könnte?

Und natürlich geht einem da auch manchmal die Fantasie etwas durch und man macht sich Vorstellungen, wie es wäre, wenn man diesen saudummen, unverschuldeten Unfall eben nicht gehabt hätte und so seiner beruflichen Vorstellung ohne größere Probleme hätte folgen können? Da ich ja damals fest den Beruf eines Steuerberaters in meinen Vorstellungen hatte und auch die nötigen Noten während des Studiums erreicht hatte, stand dem – zumindest meinen damaligen Vorstellungen nach – nichts im Wege und außerdem kannten wir, also meine Familie, auch noch einen Steuerberater persönlich, der mich in gewissen Dingen auch fördern würde.

Es wäre meinen Vorstellungen entsprechend so toll gewesen, im eigenen Büro zu sitzen, das arbeiten zu können, für das man auch das Studium abgeschlossen hat, interessante Telefonanrufe zu bekommen, welche man natürlich sofort oder sonst nach gutem Überlegen für den Anrufer entsprechend beantworten kann und mit großer Freude immer wieder an der für sich selber ausgesuchten Arbeit weiterzumachen.

Da ich mir damals schon den Beruf des Steuerberaters ausgesucht hatte und dieses Thema auch immer wieder neue Vorgehensweisen eben für die jeweiligen verschiedenen „Kunden" benötigt und es somit aus meiner Vorstellung heraus auch immer einen neuen Anspruch an mich stellen würde. Es machte mir auch damals schon Freude, die Bedeutung gewisser Wörter zu lernen und das Gelernte dann auch entsprechend anwenden zu können! Und da es im Steuerrecht wirklich sehr viele Ausdrücke gibt, deren Bedeutung man dann ja auch unbedingt wissen muss, um zielgerichtet die jeweiligen Vorgaben, die sich eben aus den entsprechenden Wörtern ergeben, anzuwenden. Wie z. B. alleine zu wissen, was man unter den Begriffen Pendlerpauschale, Werbungskosten oder Lohnsteuerermäßigung zu verstehen und auch anzuwenden hat, hat mich damals sehr gereizt, mich diesem Thema anzunehmen! Alle meine damaligen Vorstellungen eines selbstbestimmten Lebens wurden durch solche Gedanken eher noch verstärkt, was wiederum zusätzlich die Freude am Lernen verstärkte! Ja, solche positiven Vorstellungen über die eigene Zukunft helfen einem absolut, weiter an sich selbst zu glauben und dementsprechend auch die richtigen Schritte zu gehen oder Dinge zu machen, welche einen dann auch an das Gewollte wieder wesentlich oder zumindest ein Stück näher heranbringen. Dieses Denken und Handeln kann man sowohl in Sachen Vorbereitung auf Prüfungen als auch nach einem schweren Unfall, was ja auch damals beides bei mir vorlag, sehr positiv für einen selber nutzen! Think positive – habe ich mir oft gesagt, denn mit einer positiven Einstellung zu einigen Dingen kann man solche auch wesentlich entspannter und mit einem gewissen Nachdruck angehen. Denn man weiß ja, was dabei dann Positives herauskommen sollte! Ich denke, wenn man das Zutrauen an sich selber nicht verliert, immer noch Vorstellungen hat, die man auch erreichen, umsetzen kann, sollte man unbedingt auf seinen „inneren Wegweiser" hören und danach handeln!

Da der Wunsch nach einer selbstständigen Arbeit immer noch geblieben ist, aber meine damaligen Vorstellungen mit der Website-Erstellung nicht so gelaufen sind, wie sie hätten laufen können oder sollen, habe ich mich nun dazu entschlossen, etwas professioneller an das Internet-Arbeiten zu gehen und versucht, mich besser weiterbilden zu können. So bin ich einfach einmal von meiner Wohnung in München aus zur IHK-München gefahren, habe mich dort vorgestellt und den dort Angestellten meine Wünsche geäußert und auch gefragt, wie man so etwas erlangen könnte. Nämlich eigenständig mit dem Internet zu arbeiten. Worauf mir gesagt wurde, dass es, natürlich wie auch fast überall, sehr wichtig und auch angesehen wäre, wenn man einen gewissen Titel vorweisen könnte oder eben etwas studiert hat und sich für mich ein Fernstudium sehr gut eignen würde, bei dem ich zu Hause mir die jeweiligen Unterlagen sehr genau ansehen, durcharbeiten und natürlich auch lernen müsste, das also durchaus das wäre, für was ich mich interessiere!

Das hatte mich überzeugt und nach relativ kurzer Wartezeit konnte ich beginnen und zuerst einmal für einen Schein für das so genannte „E-Commerce-Management" zu lernen. Mir wurden dann die jeweiligen Unterlagen per Post zugeschickt, die ich dann auch gelernt hatte, mir irgendwie vorkam, als wäre ich wieder in meinem Studium. Dann hatte eine Prüfung in München eben bei der IHK gehabt und bekam mit dem positiven Abschluss nun auch das Zeugnis dafür. Ich war also nun von der „Zentralstelle für Fernunterricht" für ein weiterführendes direktes Studium zugelassen.

Ja, man meint immer ein Fernstudium hätte keine allzu großen Anforderungen an die jeweiligen Studierenden, jedoch benötigt man sogar doch eine Bestätigung, dass man fähig ist, das Geschriebene richtig zu verstehen und auch wiedergeben zu können!

Um das Ganze jedoch etwas zu relativieren, muss

ich sagen, dass man sich dann während der Beantwortung der jeweiligen Fragen natürlich ganz in aller Ruhe die dann vielleicht doch noch nötige Hilfe besorgen kann, sei es aus Büchern oder durch das Befragen von Menschen, die sich in diesem Bereich absolut auskennen! Es kann ja keiner einen auch nur irgendwie bei solchen Versuchen kontrollieren! Zugegeben, dass macht ein so genanntes Fernstudium natürlich doch um einiges einfacher!

Aber wie's der Teufel will, kann ich mich nun doch tatsächlich Diplom E-Commerce Manager schimpfen! Ja wie schön, ein Diplom steht vor der Bezeichnung. Das wollte ich doch schon immer, zwar natürlich eigentlich ein relativ „normal" erlangtes Diplom, aber es heißt ja auch, „viele Wege führen nach Rom", und so habe ich es eben jetzt auf diesem Weg erreicht. Eine gewisse Zufriedenheit war gegeben und das war und ist doch eigentlich das Wesentliche!

Aber da nach solcher relativ langer Anspannung doch auch immer oder meistens zumindest etwas Urlaub und Erholung gehört, denn Anstrengung, Anspannung und Bemühen verlangen andererseits aber auch ein gewisses Maß an Erholung und deshalb fand ich es super, dass ich zusammen mit meinen Eltern inkl. Hund nach Sylt fahren konnte!

Wer weiß es nicht, Sylt ist eine echt traumhafte Insel! Es ist eine tolle Landschaft mit meistens netten Menschen, super Essen, besonders für Leute, die Fisch gerne essen, und zu denen kann ich mich zählen, man hat das Meer, in das man auch gehen kann, wenn das Wetter und somit auch das Wasser nicht allzu kalt sind, einen ellenlangen Strand und eine absolut gesunde Luft! Ja, Sylt ist eine Reise wert!

Und da wir nicht zum ersten Mal dort waren, haben

wir natürlich schon gewusst, zu welchen Leuten man gehen muss, um auch eine geeignete Unterkunft zu bekommen! Also preislich erschwinglich, aber auch mit einer sehr guten Lage. Also kurz zum Strand und auch kurz zur Innenstadt! Auf Sylt haben wir dann wirklich eine Menge erlebt! Neben dem wirklich sehr guten Essen auch einmal eine Fahrt mit dem Schiff nach Helgoland, wo man sogar steuerfrei einkaufen kann, denn Helgoland ist ein so genanntes deutsches Zollausschlussgebiet. Da konnte ich im Strandkorb liegen, mich vom Lernen und anderen Dingen erholen und wieder neue Kraft schöpfen.

Auf dem „Hundestrand" konnte ich meinen mit den vielen anderen Hunden ausgiebig spielen lassen und hatte große Freude daran, zu sehen, wie sich mein Hund mindestens ebenso freute!

O. k., Sylt ist nicht gerade günstig, aber da ich ja von der Versicherung des Unfallverursachers eine doch recht große Summe bekommen hatte, konnte man einen kleinen Teil des Geldes auch dafür nutzen! Was man sich aber durchaus einmal ernsthaft überlegen sollte, wäre einmal evtl. die eigene Krankenkasse zu fragen, inwieweit einem ein so genannter Erholungsurlaub zustehen würde. Oder man geht einfach selber ins Internet und sucht dort nach etwas, was für einen selber geeignet ist?! Man kennt ja selber am besten, was einem guttäte.

Auch für Fischfreunde, zu welchen ich mich zähle, ist ein Aufenthalt auf Sylt mit sehr viel Genuss verbunden, denn man kann direkt selber zusehen, wenn die Fischkutter in den Hafen einlaufen und ihre gefangene Ladung abladen. Da sieht man die noch lebenden Fische zappeln und evtl. die gleichen am Abend wohlmöglich auf dem eigenen Teller liegen. Tja,

dem ein oder anderen mag das überhaupt nicht gefallen, aber ich denke, da sieht man wenigstens, wie frisch die Fische sind und von wo sie kommen!
Es hat eben alles, oder das meiste, ein Pro und eben auch ein Kontra!!!

Da ich ja nun auch aufgrund des wirklich schweren Verkehrsunfalls meinem eigentlichen Berufswunsch nicht mehr folgen konnte, aber auch durch meine Arbeit am Flughafen immer mit Reisen und vor allem Reisenden in Kontakt bin, habe ich dort im Strandkorb den Entschluss gefasst, eine Website zu bauen, auf der man Reisen nach Sylt anbieten kann!!!

Ja, da sind meine Gedanken auch gleich losgerast, wie man was am besten auf einfache leicht verständliche Weise darstellen kann und aber auch die Lust bzw. den Reiz einer solchen Reise vergrößern kann. Gleich habe ich gedacht, dass ich nun die meisten Hotels auf Sylt aufsuche und ihnen von meinem Vorhaben erzähle, damit ich natürlich auch die geeigneten Übernachtungsmöglichkeiten gleich mit zur Auswahl anbieten konnte!

Ich dachte mir, die meisten Hotelbesitzer wären von so eine eigentlich kostenfreien Werbung äußerst angetan, jedoch meinten sehr viele von ihnen, sie hätten schon die Urlauber, die nun auch schon seit sehr vielen Jahren immer wieder kommen, und es wäre ihnen eher nicht so recht, aufgrund dann fehlender freier Zimmer Absagen zu verschicken, denn sonst würde über das Hotel unter den Urlaubern dann doch eher etwas negativ geredet, was sich weitertragen würde und so ein doch irgendwie negativer „Beigeschmack" auf ihr Hotel fallen würde und das wäre ihnen – verständlicherweise – eigentlich überhaupt nicht recht! Sie wären also froh, wenn ich ihr Hotel bei dem Internet-Angebot erst einmal aussparen würde!

Tja, selber schuld, dachte ich mir dann, sie würden ihre Meinung evtl. dann doch ändern, wenn sie sehen würden, wie viel Erfolg ein Eintrag in meine Site bringen würde! Und da man keinen zu seinem Glück zwingen kann, habe ich solche Hotels erst einmal ausgeschlossen!

Nach unserer Rückfahrt zu unserem Wohnort habe ich am Flughafen selber versucht herauszubekommen – neben meiner Arbeit –, wann die geeignetsten Abflugzeiten und natürlich auch die besten Airlines wären, um den potenziellen Urlaubern auch etwas anbieten zu können, auf das man sich verlassen kann! Ja, solche Arbeit hat mir echt Spaß gemacht, denn da war ich auch mein eigener Herr, niemand hatte mir irgendwelche Vorschriften machen können, sondern ich habe eben nach meinen eigenen Vorstellungen arbeiten können. Ja, die Arbeit mit dem Internet hat mir immer mehr Freude bereitet und so habe ich mich auch erkundigt, wie man sich eventuell auch etwas mehr an Wissen für diesen Bereich aneignen konnte und habe speziell nach einer solchen Weiterbildung – natürlich – im Internet gesucht!

Na klar, habe ich auch etwas gefunden und mich dann dort, nämlich bei der IHK, für einen solchen Lehrgang angemeldet. Webdesigner schimpfte sich das Berufsbild und so musste ich mir dann ein paar Stunden den jeweiligen Stoff anhören und fast wie bei Vorlesungen in der Hochschule ganz einfach mitschreiben!

Da es ja außerdem heißt: „Wissen ist Macht", haben mich die Stunden, die ich bis zur Prüfung benötigt habe, auch überhaupt nicht irgendwie gestört, denn ich wusste ja, wofür ich meine Zeit nun investiere und ich kann jetzt im Nachhinein sagen, dass ich es für das Ergebnis durchaus fast sogar gerne getan habe!

Leider hatte ich mit keinem aus dem damaligen Kurs näheren oder weiteren Kontakt, mit dem man dann auch zusammen etwas für beide Positives hätten entstehen lassen können, aber ich habe es ja auch nicht in erster Linie nur für mein eigenes „Ego" getan, sondern, dass sich die Vorstellung eines eigenen Tätigkeitsbereiches sich nun endlich bewahrheitet. Ich stellte mir auch schon vor, wie ich verschiedenste Werbemöglichkeiten einsetzen könnte, die ich auch währen meines Studiums im Fach Marketing erfahren und gelernt hatte. Ja, jetzt würde auf ein Mal alles Nutzen bringen, was man während mancher Vorlesung als unwichtig abgetan hatte, zeigte nun, dass es durchaus etwas brachte, wenn man sich daran halten würde!

Hm, manche Professoren wissen also scheinbar doch etwas?! Es war ein Bereich, der mir auch wirklich viel Spaß machte und ich ja somit, wenn wie in meinen Vorstellungen alles nach Plan lief, ich nicht nur mit meiner Arbeit am Flughafen etwas verdienen würde, sondern außerdem ebenfalls durch meine selbstständige Arbeit! Konnte mich jetzt da noch etwas aufhalten und meine Gedanken nicht weiterarbeiten lassen? Ich habe mich aber natürlich schon des Öfteren gefragt, wie es sein kann, dass ich trotz dieses wirklich schlimmen Verkehrsunfalls mit schlimmen Verletzungen nun doch an diesem Punkt angelangt bin? Einen Punkt, an den ich schon früher, also während des Studiums ankommen wollte! Und nun sollte er doch tatsächlich erreicht sein?! Tja, da mussten dann wohl die Ärzte im Krankenhaus die beste Arbeit geleistet haben und mir auch meine Familie während meiner Genesung absolut mit sehr gutem Rat und Tat zur Seite gestanden sein!

Aber da ich ja immer noch ein junger Mann mit entsprechenden Wünschen auch oder vor allem in Richtung Zweisamkeit war, habe ich das Internet – wie es eben nun fast üblich geworden ist – ebenfalls für gewisse Kontakte genutzt! Und wenn man relativ neu mit so einer Suche beginnt, werden natürlich fast alle dort bereits schon länger aktive junge Frauen hellhörig oder neugierig, wer sich denn nun hinter dem Nick tatsächlich verbirgt und schreiben einen an! Nicht alle, aber auch hier zumindest die meisten!

Durch das Interesse, dass einem nun entgegengebracht wird, steigt natürlich das eigene Selbstwertgefühl und man malt sich somit schon einige angenehme Dinge, die man zusammen anstellen könnte, aus.

Was nun wiederum zur Folge hat, dass man mit mehr Selbstsicherheit auftritt, somit ein besseres Bild über sich selber abgibt und auf Grund dessen ebenfalls wieder mehr Erfolg in anderen Dingen wie der z. B. Arbeit erzielt.

Was jedoch als etwas nachteilig gesehen werden muss, ist, dass sich eben hier jeder von der persönlich positivsten Seite zeigt, die er im Stande ist vorzuweisen!

Natürlich ist das absolut verständlich und auch nachvollziehbar, denn selber macht man es ja auch nicht anders, aber mit den jeweiligen Treffen – sofern diese dann auch wirklich zustande gekommen sind – hat man schon manchmal etwas versteckt gesehen, warum eben noch kein passender Partner gefunden wurde! Wenn mir dann die Ausgewählte eigentlich zunächst einmal vom Aussehen so gut gefallen hat, dass ich mir mit ihr ein Leben zusammen vorstellen konnte, dachte ich mir natürlich blitzschnell im Kopf, wie ich die für mich negativen Eigenschaften ändern könnte oder eben zumindest versuchen könnte sie zu ändern!

Aber natürlich müsste dann auch die Frau mitspielen und auch gewillt sein, gewisse Änderungen in ihrem Leben mitzumachen!

Aber ich muss gestehen, vielleicht sind meine Anforderungen damals auch etwas zu groß gewesen, dass ich doch tatsächlich keine solcher Entscheidung in dieser Zeit getroffen hatte, welche so einen persönlichen Aufwand wert gewesen wäre! Denn da muss man eben persönlich auch dermaßen hinter einer Frau stehen können und positiv denken, um so eine teilweise für einen persönlich große Anstrengung auf sich zu nehmen, dass mir im Endeffekt der große tatsächliche Wunsch oder besser gesagt die richtige Frau gefehlt hat!

Und gerade dann, wenn einem das „Schmuckstück in menschlicher Form" begegnet, man sich erst einmal super versteht und das „magische Auge" schon einige Gemeinsamkeiten, aber auch sehr viele Ungereimtheiten sieht, ist eben vieles nicht mehr so, wie man es sich eigentlich wünschen würde! Nur warum ist das denn eigentlich so???

So müsste man evtl. in Sachen Tierliebe Abstriche machen, die gewünschten Reiseziele differieren ungemein, die Sportarten, die man selber sehr gerne treibt, sind nicht die, die der potenzielle Partner evtl. selber gerne hat, and so on, and so on …!?

Wie sollte dann eine Beziehung langfristig funktionieren können, wenn solche grundlegenden Eigenschaften nicht die selben sind!?

Ja, da ist man immer wieder absolut unschlüssig, welchen weiteren Weg das Leben nehmen sollte!

Könnte man sich tatsächlich so ändern, ohne dabei eigentlich seine eigene Art zu verlieren und hat man dann trotzdem noch den gleichen bzw. selben Spaß, den man auch dann hätte, wenn auf beiden Seiten keine solcher „beziehungssichernden" Abstriche erfolgen müssten ?!

Solche Fragen gingen einem oder besser mir jetzt durch den Kopf, da man ja wieder so hypergut im Leben steht und von den damaligen, wirklich absolut schweren Verletzungen nun weitgehend nichts mehr zu erkennen ist! Jedoch möchte ich hier noch anfügen, dass die nun schon wirklich sehr viele Jahre zurückliegenden Erfahrungen auf der Intensivstation – ja man möchte es nicht glauben, von der Intensivstation – mir heute ab und an das Gefühl geben, ich sollte bzw. möchte wieder einmal so richtig fest und tief einatmen und die Luft bis runter zu den Lungenflügeln spüren, denn nachdem ich dieses Gefühl meiner Mutter einmal geschildert hatte, hat sie mich auch gleich darüber aufgeklärt, dass mir damals auf der Intensivstation Schläuche, welche zu meiner Beatmung benötigt wurden, ganz kurz entnommen worden sind, um diese zu reinigen und ich in dieser Zeit, natürlich nur wahnsinnig kurz, ohne Sauerstoff gewesen bin und ich wahrscheinlich deswegen so ein Bedürfnis habe, das Gefühl von mit Sauerstoff gefüllten Lungen wieder zu erleben!

Der persönliche Blickwinkel hat sich eben jetzt noch wesentlich mehr auf etwas Partnerschaftliches gedreht, da der eigentlich wesentliche Wunsch nach einer finanziellen Unabhängigkeit, was nun durch die monatliche Überweisung einer großen Summe der Unfallversicherung gegeben war, gestillt ist, fehlte mir eben nun, ganz einfach, eine Frau an meiner Seite, mit der man wieder, so wie auch früher, eben vor dem Unfall, viele verschiedene Dinge zusammen erleben und genießen kann!

Kapitel 3 – Erwartungen

Welches Fazit kann ich heute, fünfzehn Jahre nach meinem Unfall, nach jahrelanger Rehabilitation ziehen?

Hat sich mein unentwegtes und manchmal verzweifeltes Bemühen, mein Leben wieder auf ein für mich akzeptables Fundament zu stellen, gelohnt?

Was bin ich; oder besser: Was bin ich nicht mehr?

Was kann ich, oder besser: Was kann ich nicht mehr? Was soll ich tun? Was erwartet mich; oder besser: Was darf ich erwarten? Von der Zukunft, meinem zukünftigen Leben?

Das waren Gedanken an meinem 40. Geburtstag, den ich mit vielen Gästen im örtlichen Tennis-Club am Abend des 6. September 2011 gefeiert habe.

Unter den Gästen waren auch zahlreiche alte Freunde; wir hatten uns nach dem Unfall etwas aus den Augen verloren, weil sie in den zurückliegenden fünfzehn Jahren natürlich ihr eigenes Leben auf „neue Beine" gestellt, z. T. geheiratet und Kinder bekommen haben. Aber an meinem Geburtstag erwies sich doch die Unverbrüchlichkeit der alten Freundschaft.

Aber gleichwohl: Die Bilanz, die ich für mich zog, war alles andere als positiv.

Die Ärzte und Psychologen bezeichnen mich als „austherapiert"; Keine weitere Rehabilitationsmaßnahme könne an meinem gegenwärtigen Status noch etwas verbessern; so wie es ist, so wird es bleiben, und ich müsse alles tun, damit der mit jahrelanger Mühe und Anstrengung erreichte physische und psychische Gesundheitszustand sich nicht verschlechtert, sondern erhalten bleibt.

Ich bin damit also endgültig mir selbst überlassen und muss meinen Weg alleine weitergehen, wenn auch natürlich unterstützt von meinen Eltern.

Aber wohin soll er führen? Was soll ich als Behinderter noch erwarten dürfen? Gibt es für mich noch eine Chance auf eine berufliche Tätigkeit? Alle meine diesbezüglichen Bemühungen (Steuerberater, selbständiger Webmaster etc.) in den vergangenen Jahren haben nichts als Enttäuschungen ergeben.

Den Gedanken, meine langjährige Tätigkeit am Flughafen, die ich vor meinem Unfall ausgeübt habe, weiterlaufen zu lassen, musste ich schnell wieder fallenlassen; man hat dort inzwischen ein neues, aber auch komplizierteres Check-in-System eingeführt und mir war klar, dass ich als Behinderter kaum darauf hoffen konnte, Schulungen zu bekommen, um dann dem neuen System zu genügen. Ganz abgesehen davon, dass das Ziel der Umstellung war, Personal einzusparen und nicht aufzustocken. Ja, da stand mir also meine nach wie vor schlechte Merkfähigkeit im Wege.

Aber auch alle anderen Bemühungen, eine Anstellung, einen Job in der Nähe meines Wohnorts zu finden, waren umsonst. Auf alle meine Bewerbungen erhielt ich sehr freundlich abgefasste Schreiben, in denen mir mitgeteilt wurde, dass man schon Behinderte eingestellt hätte und deshalb für mich leider kein Platz mehr frei sei. Aber sie wünschen mir für die Zukunft viel Erfolg und auch mein Schicksal hätte sie sehr betroffen. Ja, solche Briefe bekam ich. Obwohl auch immer gesagt und geschrieben wird, dass Unternehmen mit über 20 Arbeitnehmern verpflichtet sind, 5 % der Arbeitsplätze mit schwerbehinderten Menschen zu besetzen.

Allerdings muss ich zugeben, dass ich mir selbst etwas unsicher war, ob ich einen achtstündigen Arbeitstag durchstehen könnte, denn während des Tages habe ich immer wieder Phasen großer Müdigkeit und brauche dann längere Ruhepausen. Hinzu kommt, dass ich manchmal sehr schnell erregt bin und ärgerlich-aggressiv reagiere, wenn ich mich im Recht glaube; für die heute so betont geforderte „Team-Fähigkeit" am Arbeitsplatz nicht gerade ideal.

Alle meine Bemühungen und Initiativen endeten in Enttäuschung und Frustration. Hinzu kam, meine private Seite betreffend, dass von einer festen Freundin oder gar Lebenspartnerin momentan keine Rede sein konnte. Aber auch hier glaube ich an das berühmte Sprichwort: „Die Hoffnung stirbt zuletzt!"

Doch trotz aller Rückschläge und bei aller Ratlosigkeit durfte ich den Mut nicht verlieren. Ich sagte mir: Einmal mehr aufstehen als hinfallen – das muss mein Motto sein. Wenn mich keiner haben will, dann muss ich mir eben selbst Ziele setzen und Aufgaben suchen, denen ich gewachsen bin, die mich fordern, mich zufriedenstellen und voranbringen. – Also endgültig Schluss mit den zeitverschwendenden Gedanken an Steuerberater und andere selbständige Tätigkeiten.

Als Folge dieser neuen Erkenntnis und Einstellung fiel erst einmal alle Anspannung von mir ab. Ich lehnte mich sozusagen in Ruhe zurück, ließ die letzten Jahre an mir vorbeiziehen, erinnerte mich so gut ich konnte an die vielen Stationen meiner Rehabilitation, an die Mitmenschen, die das Schicksal mit mir teilen und denen es zum Teil noch wesentlich schlechter ging als mir.

Und dann kam mir, fast ganz automatisch, der Gedanke, einen Bericht darüber zu schreiben, einen Lebensbericht, denn ich war nach meinem Unfall – daran kann kein Zweifel bestehen – todgeweiht.

Zwei Ziele hatte ich dabei im Auge: Einmal eine persönliche Standortbestimmung; zum anderen war